The Guardian

ALL-NEW SUDOKU BOOK 2

Published in 2023 by Welbeck
An imprint of Welbeck Non-Fiction Limited
part of Welbeck Publishing Group
Offices in: London – 20 Mortimer Street, London
W1T 3JW &
Sydney – 205 Commonwealth Street, Surry Hills 2010
www.welbeckpublishing.com

Editorial: Millie Acers
Design: Bauer Media and Eliana Holder

A CIP catalogue for this book is available from the
British Library.

ISBN: 978-1-80279-426-7

Printed in the United Kingdom

10 9 8 7 6 5 4 3 2 1

The Guardian

ALL-NEW SUDOKU ^{BOOK} 2

A collection of more than **200** tricky puzzles

WELBECK

About the Guardian

The Guardian has published honest and fearless journalism, free from commercial or political interference, since it was founded in 1821.

It now also publishes a huge variety of puzzles every day, both online and in print, covering many different types of crosswords, sudoku, general knowledge quizzes and more.

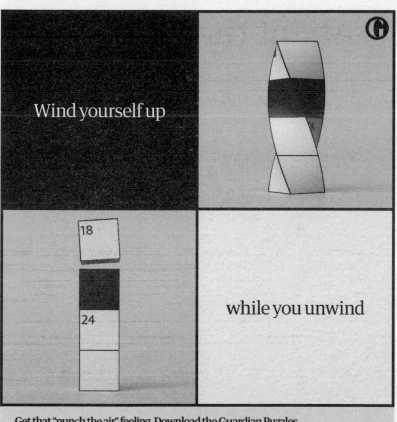

Introduction

Welcome to the second book in the Guardian's challenging puzzle series. The sudoku puzzle is the most popular puzzle type in the world, and in this book the Guardian provides 210 never before seen sudoku puzzles for you to relish.

While each puzzle has its tests, these have been designed to become progressively harder as you work your way through the book. The final 15 in particular are extremely difficult, so make sure that your mind is clear and fully prepared for the trial before attempting those.

Above all though, please enjoy this book! The world is full of challenges, but we hope that these challenges will provide a delightful diversion for you.

Instructions

This classic puzzle is played on a grid of 9 x 9 cells, which make up 9 larger boxes of 3 x 3. Every row, column and box must contain the figures 1 to 9, without any being repeated within them.

						1	9	7
8		7	6	9			5	
	5	3		4	7		2	
3						5	7	
1					3			
7	9		4	8				6
				1	5	3		
				7		9	8	
	2			6				

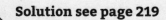

5		4			7	1	
3							
2	1		3		6		4
	9				3	4	1
6	7						
			8	9	2		
8	2	7			4		9
	5			6			
	1	2	9	5			6

1						7		3
			8	7	4			
7	9		6				5	8
		7		3		6		
	2		7	9				
4	5						1	
	6	9		8				5
		4		5	2			
	7	1		4	6			9

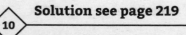

		6	1	4				9
	1		3	8		2		5
8	5			7				
	6				7	5	4	3
2		9						8
		7	8	6	3	1		
						4	3	
	8		6	1				
			5	3	9			

	7					4	2	5
	3				2		9	
	2		6	4	7	8		
						2	8	1
			1	7	9	3		
4		6						
1			2	5				6
			8	3	1			
5		2						

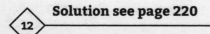

	8		4	3		1		5
3		9	8				2	
	1			5	9			7
9		8						
	7	5		6	8			
					2	4		
	6		7					
		1	5				3	
	4	2				9		

Solution see page 220

8			3				5	1
			6	5			4	
3						8		9
6	3		8		2	1		
					1	3	7	
	1	2						
1	4			8		2	3	
	6			7				
	2			9		5	8	

Solution see page 221

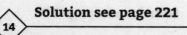

	3		1	5				
			6			7	2	5
9	2		7			3		
		2				5		1
1				3	7	8		
5		9						
			3			1	7	8
4								
	9	8		1	6			

Solution see page 221

9		2	3			4		5
			9	4	1			
						6		8
	2	7					6	
5	9			1			3	
	1			7	4			
7		8		9		2		1
	5	3	4		2			
						8		3

			7	3				
		5	6		4	2	8
	1	5	9			7	3	
5	4	1	7			6		
9						1	4	2
		8	6				5	
						8		5
2	7			5				
			3	4	7		9	

Solution see page 222

9	2			1	8	6		
7	4					3		
5					3	7		8
2			5	7	6			4
	8			4		9		7
	6							
			6					
		1				4	3	2
		2					1	

		8			3	2	9	
	4			9	2		1	
5				8	6	7		
	1	4	6	5				7
	9	5	3					6
		6			7			
	7					3	2	
4	8				1			
				4	9			

13

	5	7	6		2		4	
		8						6
6		1	4		7		8	3
	9					8		
			2	7	5	3		
						1	6	2
4	8			5				
5			1	2				
			9	3	8		5	7

Solution see page 223

			8			3	6	
4	9	3	1			8		
2			7			9	5	
			5				1	3
7		8		4				
		5		1			4	
	7	1			5	4		
5	3			9	2			7
						6	3	5

Solution see page 223

1			3	5				
6	4						8	5
7				4	8	1	9	2
3	1					6		
		5	7		9	8	4	3
			8	3				
							2	4
5		6	4		1			
		7			3			

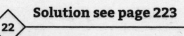

	5		7			4	6	
		3	8		5		9	
		2	3	4		5		
1	6							
9						2	8	7
		8		9				
				8	2			9
2	7	5						
					4	6		

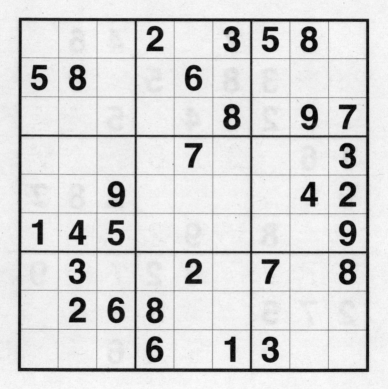

			2		3	5	8	
5	8			6				
					8		9	7
				7				3
		9					4	2
1	4	5						9
	3			2		7		8
	2	6	8					
			6		1	3		

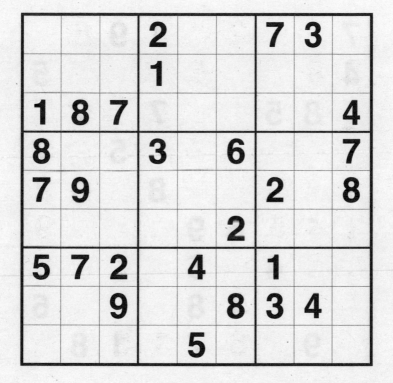

Solution see page 224

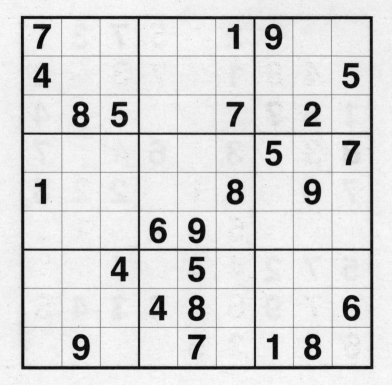

7					1	9		
4								5
	8	5			7		2	
						5		7
1					8		9	
			6	9				
		4		5				
			4	8				6
	9			7		1	8	

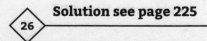

					5	7		1
	4	8			7	3		2
		9						
8	3					4		
				1			2	7
			5	4			1	
			4					
	7		6			1		5
6	5		3					

Solution see page 225

4			5		2		3	
		3		7	9			
	7	8					5	4
				3		8		5
		6				2		
3		6						
	4					1		2
9	5			6				
		2		9	7			

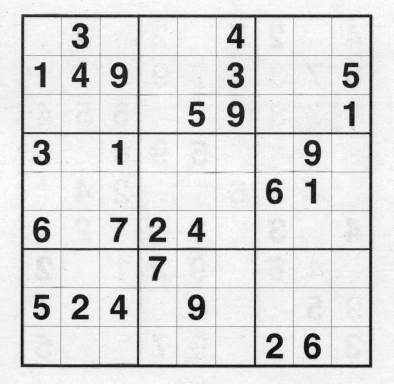

		2	7				1	
8	7		1					
						6		
				5	9			
		7					4	
4		3		1			2	
		6		9	2			3
	5							7
3	1							5

2	5					6		
9				3				
7			2			1	5	9
		4				2		8
			1	4				
		8	3					
							1	
	1				9		2	4
3	9				7			

Solution see page 226

								7
		4		9	1			8
1			2		8			
	4	9		1				
	3					1	6	
	1			4			8	
		1	6					3
6			8		3	2		
2						6	5	

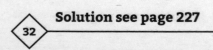

		2	4			9		1
			9				5	
1		7			8			
		9				2	4	7
4	3			2				
				6				
8	4					1		
						4		2
2		3	8		5			

Solution see page 227

1					2	5		
6			1		4			7
4	9	3			6			
		9	7					1
		6	9				5	
2				3			9	
	4			5		8		
	8					3		
3						2		

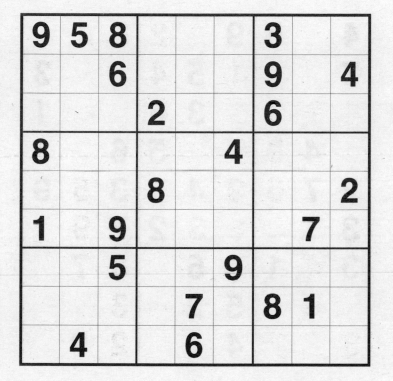

Solution see page 228

4		5	9					
7				5				3
				3				1
	4				5	6		
2	7			4		3		9
8					2	7		
3		1		6			7	
			5	2				
			4				9	

Solution see page 228

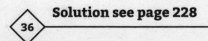

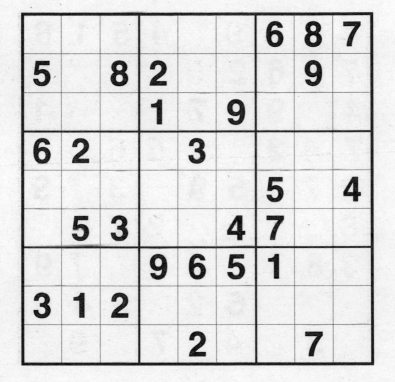

Solution see page 228

					4	5	1	8
	5	6	2					
4		9		7				
7		2						
			5	9				6
						1	8	
	8				3			9
			6			3	4	5
	3				7			

8		3		6				
7						9		3
9	4			5				
			7	3		8	6	
	1		5					
	8						2	
	6	4			1			
					9			4
						3		8

Solution see page 229

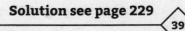

6	9							
			6			2	3	1
				3	5			
	4						1	5
	5		2		9			
1			8					
						9	5	2
		4	9		3			
		8						6

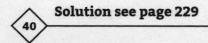

1					3			
	3		2		1	5	4	8
	2						1	
				4		8		
3	8	9				7		
		7		6		3		
	6		5					
			7				4	2
9		8						

Solution see page 230

			7		1		9	
		8			5		4	
2	9							
4	3					5		9
		1	9	5	4		2	
		7	2			4		
				8		1		5
				6				
1	2	3						

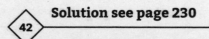

					9	1		2
7	3							
			2		4			
	4	3						7
			8	5				
	1					9		
				8		2	6	
		1	9	3			5	4
5		9					8	

Solution see page 230

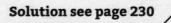

		4	3					5
7			2	5				
		1		8				7
	4				8	7	3	
					1		6	
8	3					1		
			5	6			9	
	2	3						
	8				3	6		

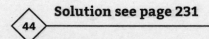

	8				6		4	
			1		2	8		
	9					1		
		5	9					
						2	5	7
		6	3	2				
9			2	4				
1						7	3	
4				3			1	

3	8				5			
			3		6	8	4	
4		2					6	
	1	7	4	2				
			6	7				
						4		1
			7		3			8
		1				9		
7	5	8				1		

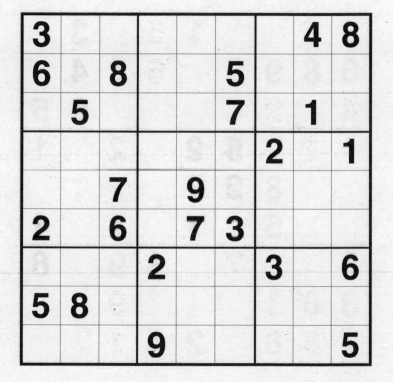

Solution see page 232

				1			3	
6	8	9					4	
							8	5
			5	9		2		1
		8	2					
		5		7				4
5					1	9		6
3	6							
				2	4			

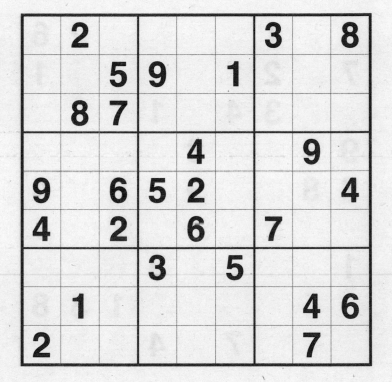

	2					3		8
		5	9		1			
	8	7						
				4			9	
9		6	5	2				4
4		2		6		7		
			3		5			
	1						4	6
2							7	

Solution see page 232

5		1					2	6
7		2						1
		3	4		1			
9	5			8				
3	8			9		6		4
						7		
1					3			
						1	3	8
			7		4			

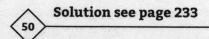

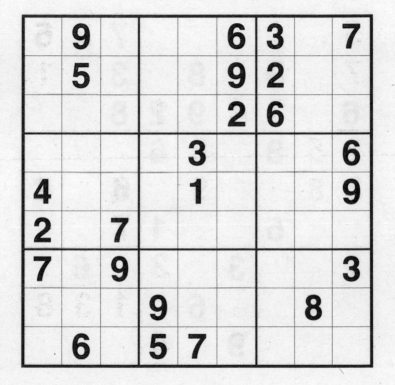

						7		5
		9		8		3		
6				9	2	8		
3		8			6			
						4		7
		5			1			
2			3				6	
	4			6				
			9		5		3	

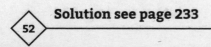

				5				1
5		3		7	1	2		
		2			3			8
						1	9	5
	9		6					
	7		4					
2				4	8			
7					2		3	
	4					7	1	

				7	2			
8		6						5
2								8
		8	4		1		9	
	9					1	3	
	5			6				
				4	7			3
6		4	5					
				9		7	1	

7			9			5		
						9	6	
9			3	7				
	3	9			8			
2	1	4				7		
	8				6		2	
	5			3				8
		1					4	
			2				7	5

Solution see page 234

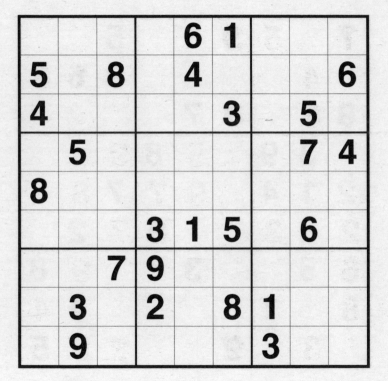

				6	1			
5		8		4				6
4					3		5	
	5						7	4
8								
			3	1	5		6	
		7	9					
	3		2		8	1		
	9				3			

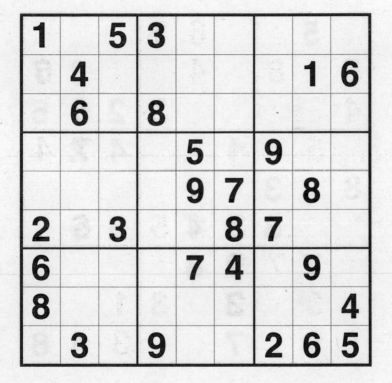

Solution see page 235

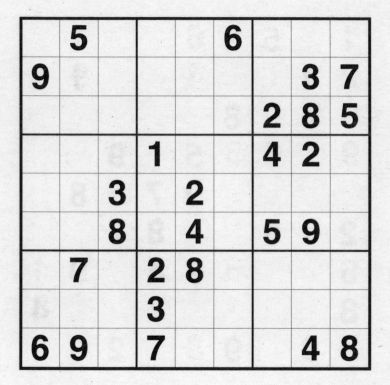

	5				6			
9							3	7
						2	8	5
			1			4	2	
	3		2					
	8		4		5	9		
	7		2	8				
			3					
6	9		7				4	8

				6			1	
2				4			9	
6	7	9						
9		6	5			2		
						5		
	3	4			9			
			6		5			4
					2			8
7	4			8				

4			6		2			
1	5							2
						5	8	
3	2		1					
	7		4			2		5
						1		3
	4	7		2				
		5	9	7		8		
						3	9	

		9	8		1			
			3			4	1	5
2		1			5			
	1				4			8
	5				9			6
	6	2						4
8								
	9			5			7	
			1	7		8	5	

	9	2	8			3	5	
			7				6	1
			5	4				
		6			2			
8							2	6
5			4		1			
	7			3				
	4			9		1		
6						8		3

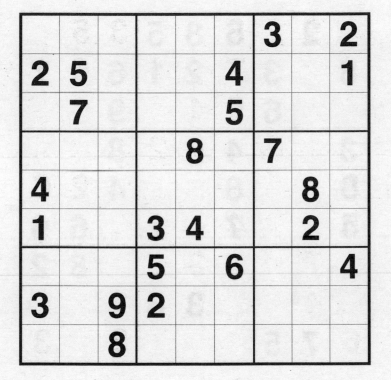

						3		2
2	5				4			1
	7				5			
				8		7		
4							8	
1			3	4			2	
			5		6			4
3		9	2					
		8						

Solution see page 237

	2		6	8	5			
8		3		2	1	6		7
		6				9		
3			4	6		8		
9			8			4		
4			7				6	9
							8	2
				3	6			
	7	5						

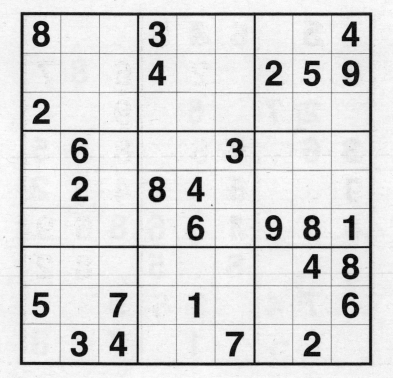

Solution see page 238

	5			4	3			
3							8	
	2	7		6				
8	6		7				9	5
1			5					2
			1		6	8		
			6		5			
	7	4				9		
				1		7		8

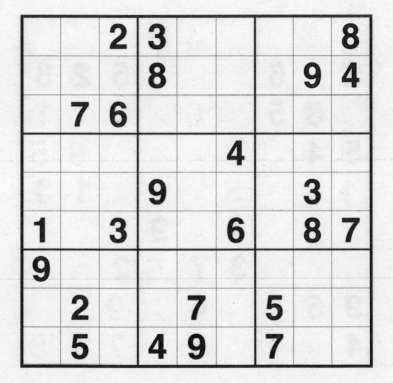

Solution see page 238

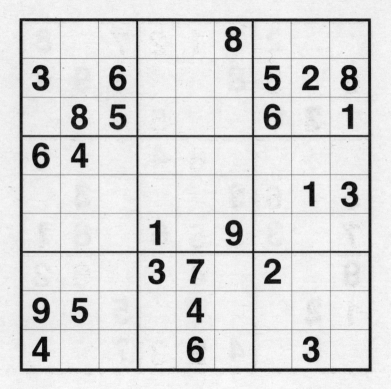

					8			
3		6				5	2	8
	8	5				6		1
6	4							
							1	3
			1		9			
			3	7		2		
9	5			4				
4				6			3	

				1	2	7		
6		5				1		
	3				5	4		
			6					9
5		6	1				4	
7			3	5				1
8				4			6	2
1	4							
				2	3			

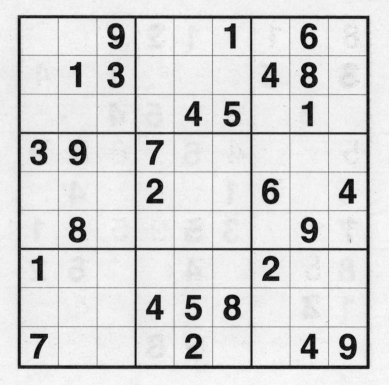

Solution see page 239

8		1			3			
3								4
			9	1		6		
5			4			9	8	7
		7						
1				8	9	5		
	5			3			2	
	2						4	
	1			6	8			

6		4	2	8		9		
						2	7	
5			1	6			4	
	9	1						
3						5	2	8
				4	3			
			5				6	
						7	8	
8	2		4	1			5	9

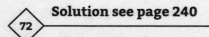

1			3	6		4		
	2	7			4	3		
4					1	5		
	4	8		9				
9		3	7	8				
							7	
	7							8
6			5		3		2	
		9						1

Solution see page 240

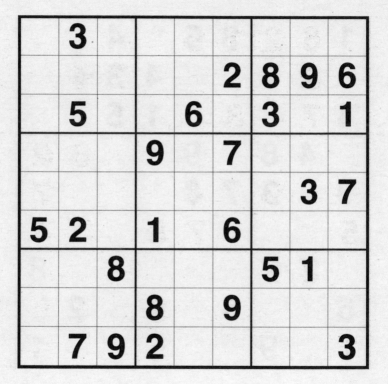

	3							
					2	8	9	6
	5			6		3		1
			9		7			
							3	7
5	2		1		6			
		8				5	1	
			8		9			
	7	9	2					3

	6	2	1	9				
	3					7	4	
	7		3			1		
							8	2
		9		4				7
5				7	8			4
	2	6						
					9		6	8
1					5			

	3	9						
			8			6		3
		8	7	5				
				9	8	3		
3					6	8	1	
2		5						
	6		3				7	5
				1				
5	1						6	

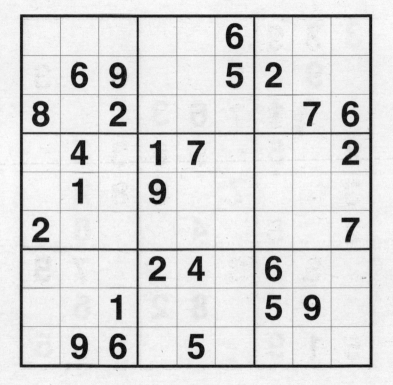

Solution see page 242

3	7							
	9					4		
		1		6	3			
2		5					3	
			7		1		2	
				4			8	
								9
			8	2			6	
	1	9						5

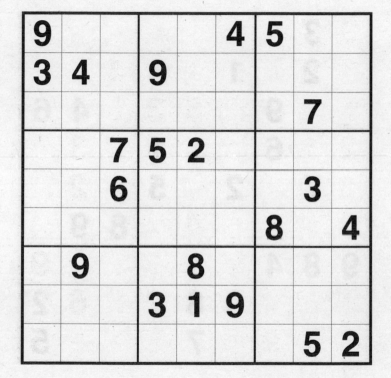

9					4	5		
3	4		9					
							7	
		7	5	2				
		6					3	
						8		4
	9			8				
			3	1	9			
							5	2

Solution see page 242

Solution see page 243

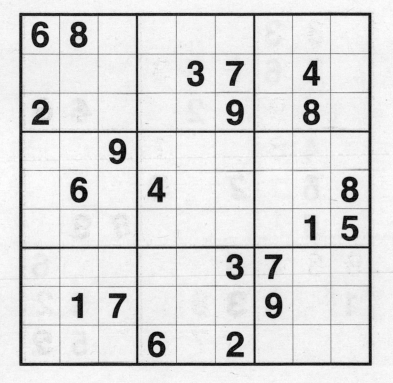

Solution see page 243

		3					4	
		6		5				
				2			6	5
	4							
3	6		7		9			
	5					7	3	
			8					6
1		8	3				9	
							5	2

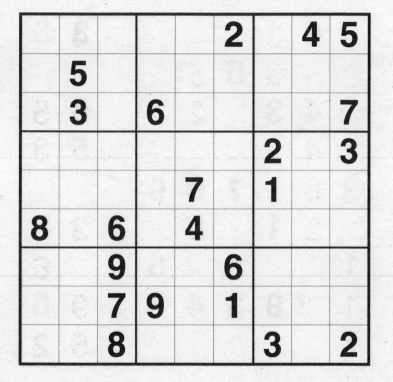

Solution see page 244

	6						3	5
			8					
	4	3					8	
							5	3
			1	9				
		1		8				9
1					6			
		9		4	3			6
7						2		

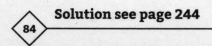

				4				3
		6						9
	1	5				2		7
3	2							
			4	5			2	
			6	1				
	7	9						
			9		8	5		
				6	5	1		

Solution see page 244

	5		2					
	6						4	
	3	2	5		6	9		
		5						
4						1		6
			3		7			4
6				8				1
				6			9	
1							5	

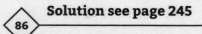

	5	3					6	
	2						3	
		9	4	8				
7								
				6	9	8		
						1	2	7
								9
4		8		1				6
			5		2			

Solution see page 245

	4	2						
				5	2			9
	7							3
					1		5	
			4			6	1	
6		7						
8			6					
3			9	8				
							2	5

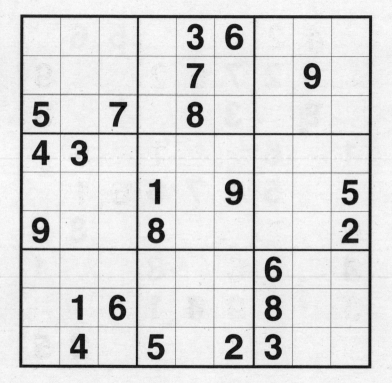

Solution see page 246

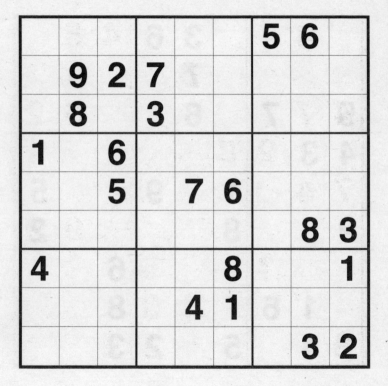

Solution see page 246

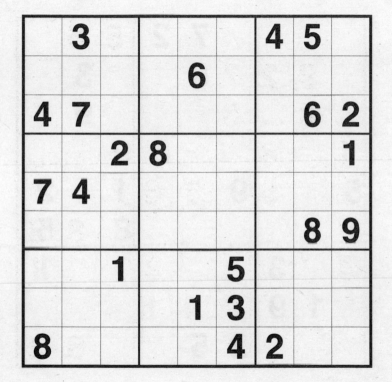

Solution see page 246

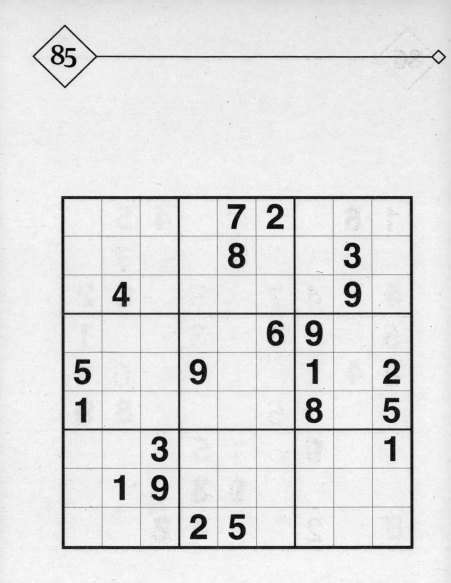

Solution see page 247

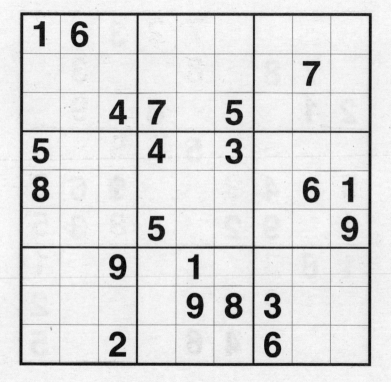

Solution see page 247

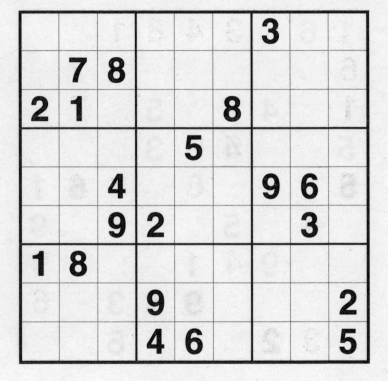

						3		
	7	8						
2	1				8			
				5				
		4				9	6	
		9	2				3	
1	8							
			9					2
			4	6				5

Solution see page 247

			3	4	8	1		
6								
1							7	
			5	9				
5				6		8	4	
	4					7		
			4					9
				8	1			6
	3	2						

4	3							
1			5		3			
			7				8	
		6		2				
8				9				4
								1
					7	6		
3	4							
	5				1	2	7	

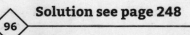

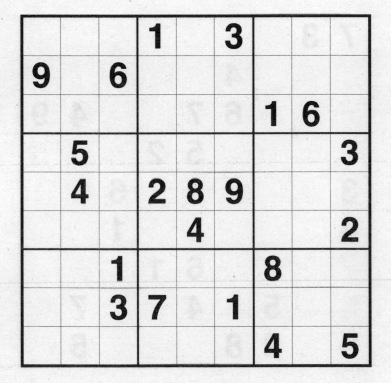

Solution see page 248

7	3							
			4					
			6	7			4	9
				5	2			
3						6		
8						1		
				6	1			
		5		4			7	
9		2	8				5	

8		7	6					
						7	9	
5	6							
						4		3
	8			1				
7			4	9				
2		9			6		1	
		4			7	5		
					2		6	

			2	3				
6				4				
5			1				8	
		4	5	6				
	3	7				4		
			8			9		
							1	7
	5				1			6
	4	2						

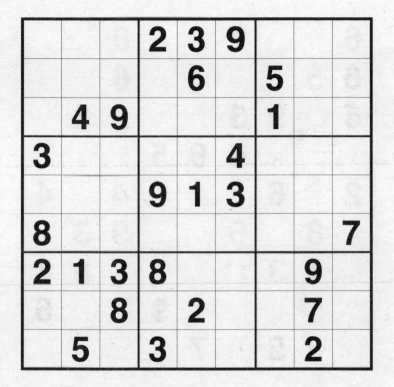

Solution see page 250

6			7			8		
3	5					6		
4		9	3			2		
				9	5			
2		6						4
	8						3	
	4	3					8	1
				1	9			6
		5		7				

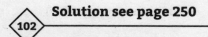

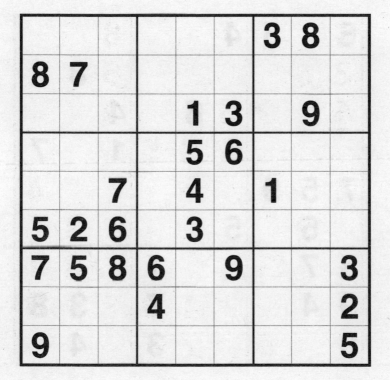

6		5	4					
							8	2
				8		4		
			6			1		7
7	5	9						
	6		5			8		
5	7				1			
9	4				7		3	8
8					3		4	

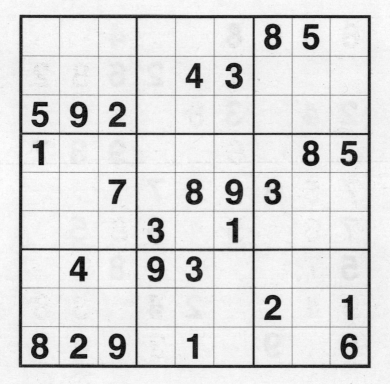

	3	6	8			4		
			1		2	6		
2	4		3					
						9	3	7
		8			7			
7					6		5	
5						8		
				2	4			
6		9						5

Solution see page 251

						3	1	
	5							
	2			5	4			
6			9					
			7				3	
1		7					8	
							5	9
				1	8		4	6
	4	2						

			3	4				
						7	1	
	1			2		4		
		6		1				
			4	3			7	
		2					8	
					9			5
3			8					
4	6							2

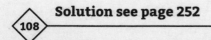

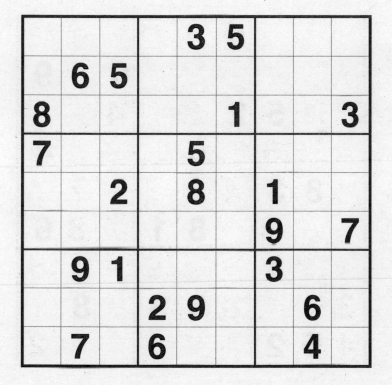

				3	5			
	6	5						
8					1			3
7				5				
		2		8		1		
						9		7
	9	1				3		
			2	9			6	
	7		6				4	

			5					
						6		9
7		5	2					
				6				4
	8	3						
				8	1			6
		1					3	
				9	3		8	
	5	2						

			3		9			
7			8					
		2					5	4
		4					1	
1	8	5						2
			9	6				
						8		
				4	2			
	9					3		

Solution see page 253

	6					8		
5	3				1			
					9	7		
				3			1	
		8		7		9		
				9			4	
	4		5	1				6
		2						
	7		6		8			5

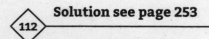

						2		9
		9	8	3				
	4							7
			6			9		
2						1		
5			3	9				
		8						
					5		7	
6				1	2		5	

Solution see page 254

3	6				7		9	
					4	3		8
5								6
							2	1
	5		3					
			8		9			
		8		5		9		
		1		6		2		
				7		4		

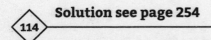

				6				
4	5	2						
	8					9		4
3	2							
			7			4		
		9	8		3	1		
	7	8						
				8	9		5	
				5			2	6

Solution see page 254

		2	8			3		4
5		3				9		
			6			8		
		9						7
7		8				5		
			2		4			
		4		9	3			
							1	
	2						6	

Solution see page 255

				5				
5	6						7	
		3				2		4
		2	4			6		
							8	
	1	4	2		3			
7	2	1						
			3	9				
			5					1

Solution see page 255

		3						
						1	6	5
2				9	4			
	7						1	
	2				6	9		
			3		9		8	
4				8	7			
6			1					
			5			2		7

Solution see page 255

9				4				
1				3				
							2	5
	3							6
						1	7	2
		9	6	8				
	5	8						
6				7	9			
		3		2	4			

			3	9				
	4						5	7
1	5					9		
		7				5		
						4	7	
		2		8				
8	9							
				7				2
			1	6				3

		8	6					
						8		5
			1		3			
3			9		7			
1			3			9		
						7	6	
	6			7			1	
9								2
	7		5	6	4			

5				4				
				7				
					1		6	3
9	7	6			3		2	
		3			6		5	
						8		
			4			9		1
	6		9					
8	2							

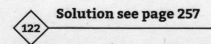

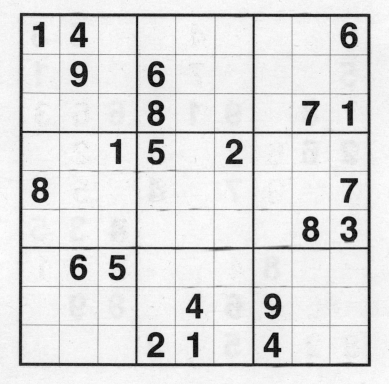

Solution see page 257

6							5	3
5								1
7	8		9	1		6		
2	6							
			7		4			
						4	3	5
		8						
		7	6			8	9	
			5		2			

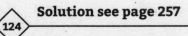

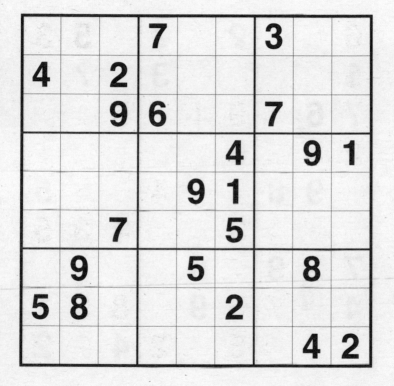

Solution see page 258

			2		7		3	
1					3		7	
	6							
			5					
	9	8						5
			3			1		
7	2	9		8				
4				9				1
						4		2

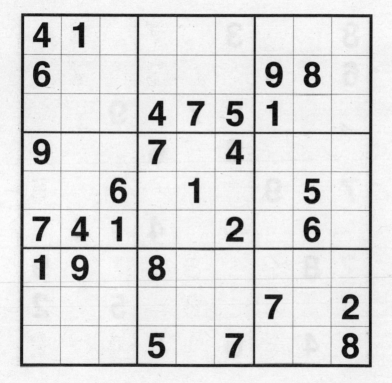

Solution see page 258

8			3					
6		5						
			2	7		9		
			8		6			
7		9						
					4		1	
	8							9
						5		2
	4		6		8			

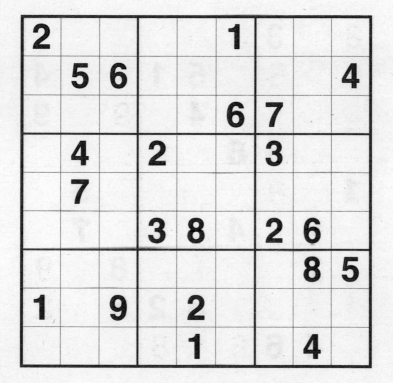

Solution see page 259

		3						
				5	1			4
				4				9
		5	6					
1							5	
	9		4				7	
	7					8		
				8	2	5		
	4	6						

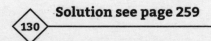

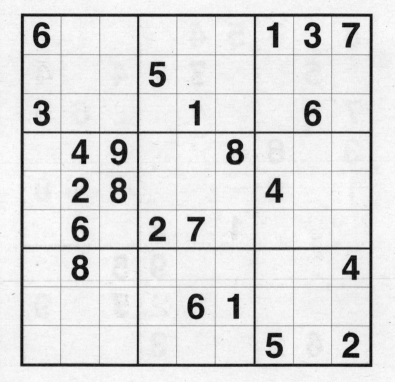

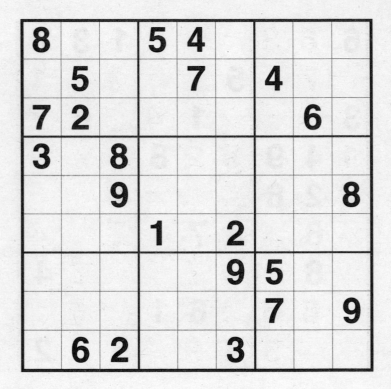

8			5	4				
	5			7		4		
7	2						6	
3		8						
		9						8
			1		2			
					9	5		
						7		9
	6	2			3			

	6	3						
	7					3		1
					4			7
1			5	2				
2								
						7		4
				7			6	
	8	6					5	
		5	3	9				

Solution see page 260

								1
3	8							
			4	1	2		7	
	7					5		6
		6				1		
		2		8				
8	9			5				
				3	6		2	
					7		4	

1			7			2		
						3	9	
6	7				8			
			5					
		3				9	6	
8			1			7	3	
				1				4
7	8		9					
				4	6			

9			2			5	7	
			8				9	
4		5						6
					1			
	7					2		5
	6			5		3		7
		4	9	3	2			
		2		8				
						7		1

		3				8		6
4	8					1		
	7		4		3			
1	6		8		9			
3					7			
						3	5	9
		6		5				8
		9		1				
5		7				4	9	

Solution see page 262

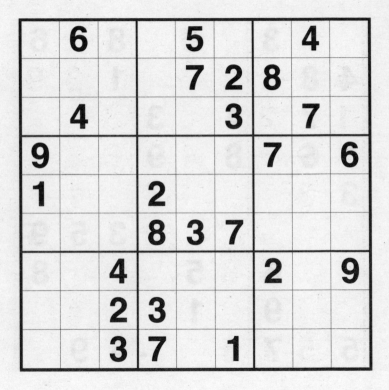

	6			5			4	
				7	2	8		
	4				3		7	
9						7		6
1			2					
			8	3	7			
		4				2		9
		2	3					
		3	7		1			

Solution see page 262

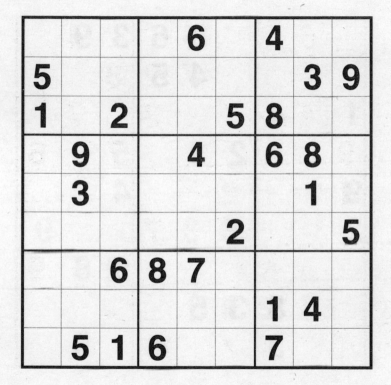

Solution see page 262

				8	6	3	9	
				4	5			
1		4						
			2	3		5		
9	1					4		
2								9
						9	8	
		8	3	5				
		3			4		5	

		4	2		1	5		
			6			7		4
		2	4		8			
3			5		9	4		8
				1				
4							9	3
6	9							
				5	3		1	
	7						5	

Solution see page 263

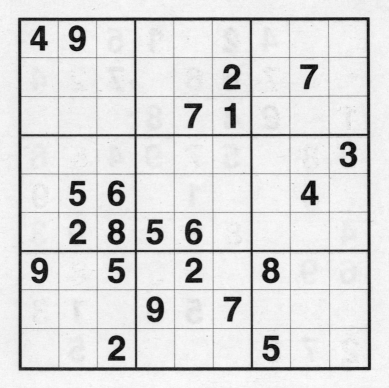

Solution see page 263

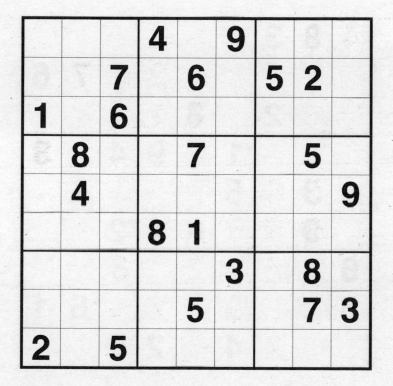

Solution see page 264

	8	3						
							7	6
		2		8				
			1		9	4		8
	3		5					
	9				4	2		
6								
5							6	1
			4		2			

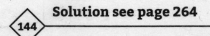

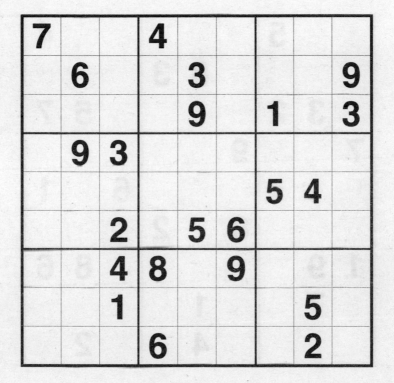

Solution see page 264

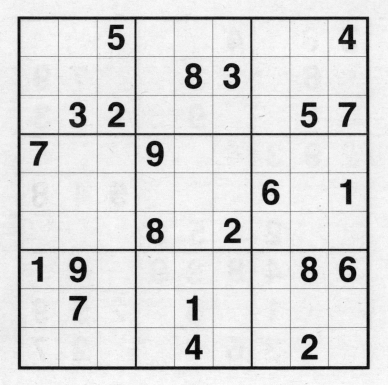

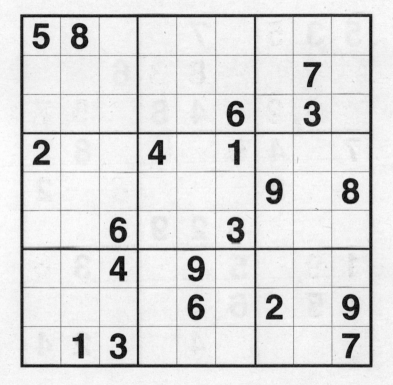

5	3			7				
						6		
				4	8			
		4					8	7
		8						2
				2	9			
			5				3	
1	5		6					
							2	4

		5						
	9			6				
1							2	9
	7	3			5			
			8			5	7	
			9			1		6
2					7		5	
9							4	2
			5		3			

Solution see page 266

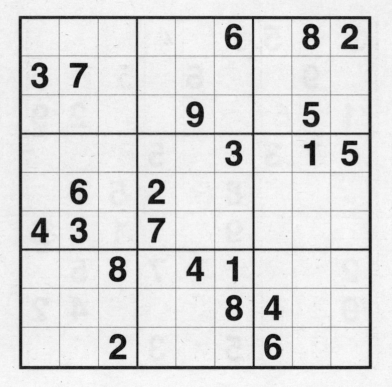

Solution see page 266

3			6		4			
						5	7	
		6						
	7	2				6		
			9	5				
						2		8
				7			3	
1	3						4	
	9		5	2				

Solution see page 266

			5				9	
		6		4				
		3					7	
				1	3			
						4		8
2	4					5		
				3	1		8	
9				6				
5						2		9

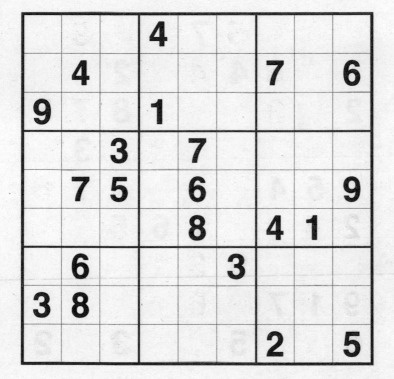

Solution see page 267

				7				
5			4			2		
2						8		5
							3	
	5	4					1	
				1	6			
			9					
	1	7						
6			5			3		2

		9	5		3	7		
	5							
						4		6
1		8					3	
			9		5			
							1	7
				4	8			3
7		3						
				6		2		4

Solution see page 268

	4		2					
		2	3	4				
								6
		5	8					
		8		9			1	7
			7	1		6		
3						2		
8	1							
					9	5		

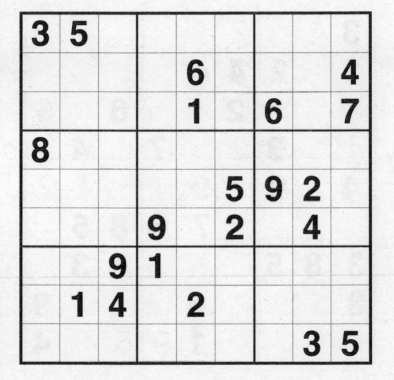

Solution see page 268

3							7	8
1			4					
			2			6		
		3			7		4	
4		2						
					6	8	5	
	8	5					3	
			6					9
			1					4

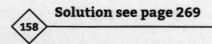

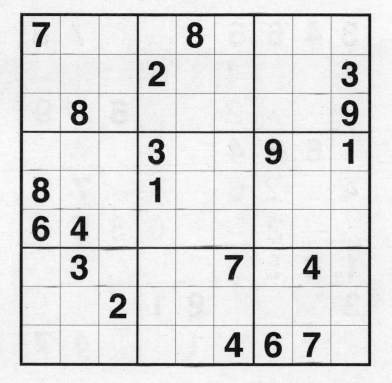

Solution see page 269

	4	6	5					
					3			
						8		9
	6	5	4					
			6				7	2
		2					9	4
1	8							
3				2	1			
							4	7

	3	2						
	9		7	3				
			1				4	
						6		8
			4	9				
		6						2
8					5			7
1	5				9			
						2		3

Solution see page 270

			8		5		3	9
5	4	9					8	
			6					
	5			4	7			
	7							
							9	8
		2						
		8				1		2
		3		9				

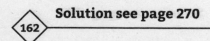

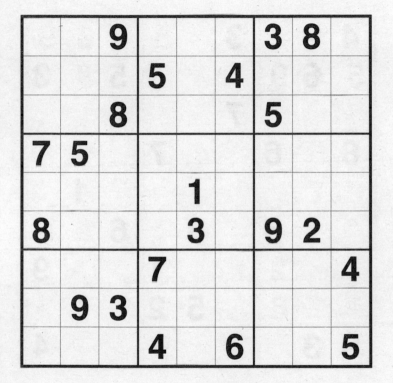

Solution see page 270

4	9		3					
	6					5		3
			7			2		
8		6			7			
							1	
		5		8		6		
					1			9
				5	2			
9	3							4

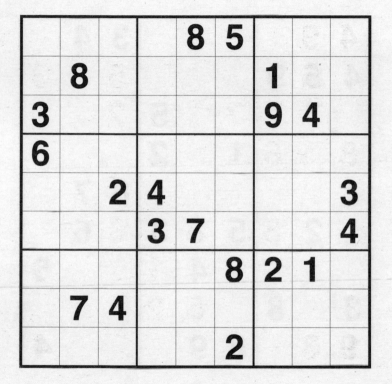

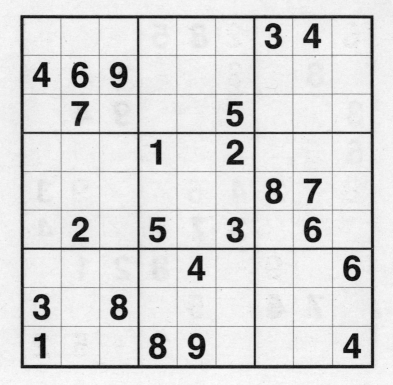

						3	4	
4	6	9						
	7				5			
			1		2			
						8	7	
	2		5		3		6	
				4				6
3		8						
1			8	9				4

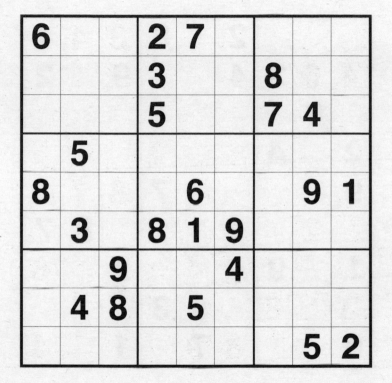

Solution see page 272

			2		8			4
		3	4			9		2
	6							
2		4						
9				7				
							8	7
1		9				2		
				5	3			
6				7		1		

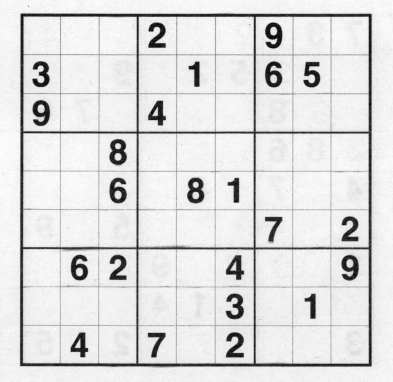

7	3							
			5	2		9		
		8					7	6
	8	6						
4		7		8				
						5		9
1					9			
				1	4			
3						2		5

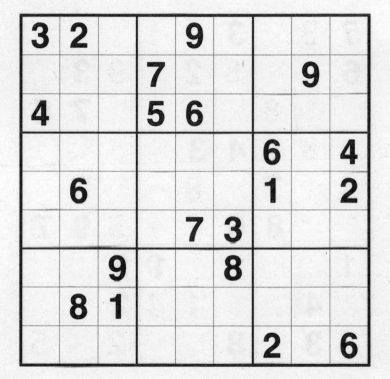

Solution see page 273

5			3	4				
6							3	
							7	8
			4	3				
		7					6	
		8	6				9	7
					1	5		
	4					2		
	3		8					

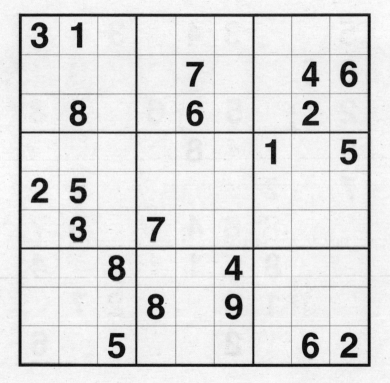

						3		
6	5							
2			5		6			
5				8				
7							1	
				4			9	
		8		1				4
		1	9				7	
			2					6

Solution see page 274

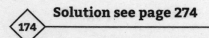

					9		1	
		8	4	7				
2	9							
3						7		
1						5	8	
			2	6				
		4						2
		7			5	9		
		3		8				4

			7					
						3	4	
9	6				3	5		
	7				4			6
8		9						
					2			1
		7		9				
				8			5	
	4	2			5		6	

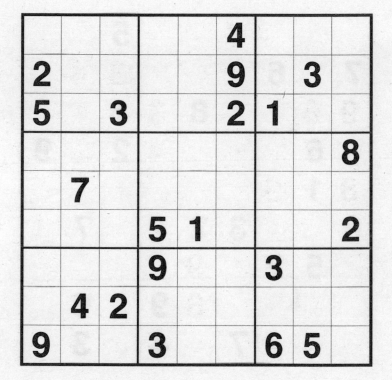

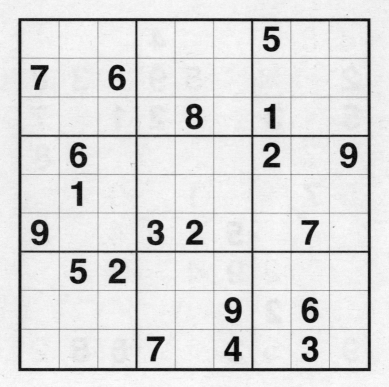

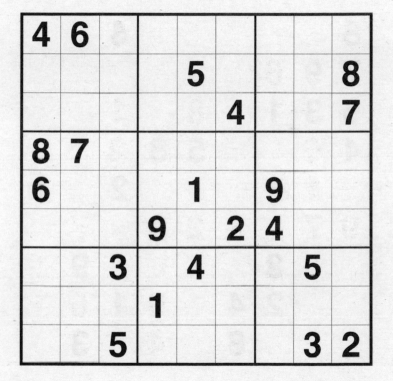

Solution see page 276

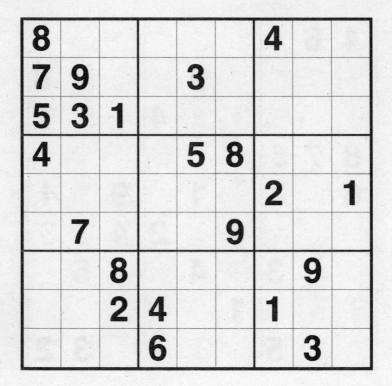

Solution see page 276

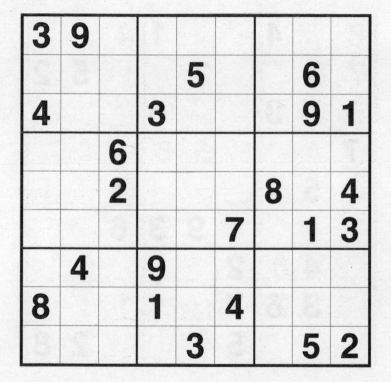

3	9							
				5			6	
4			3				9	1
		6						
		2				8		4
					7		1	3
	4		9					
8			1		4			
			3				5	2

Solution see page 276

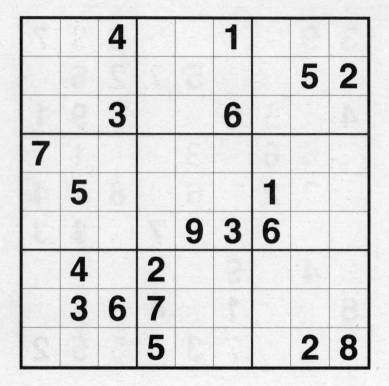

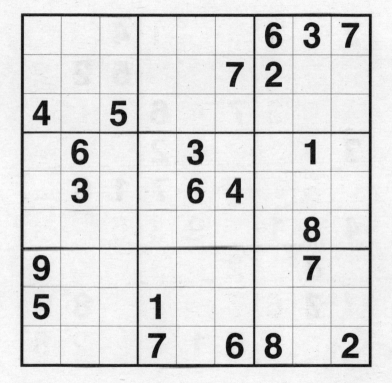

Solution see page 277

2		3				4		
						5	2	
			7		6			
3				4	2			
					7	1	6	
4		1						
	8							
	7						8	9
			5	1				

		5					6	
4			7	2			9	
						3	1	
	8						4	
	7		8	9				
						1	3	
				7	4			
5					1			
6		9						2

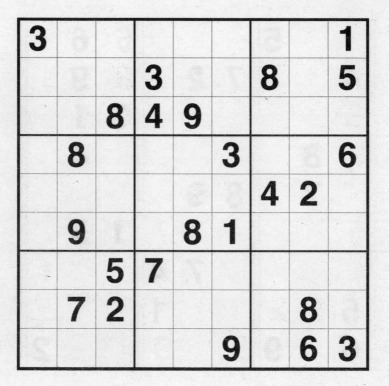

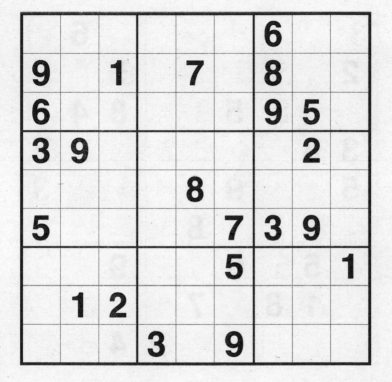

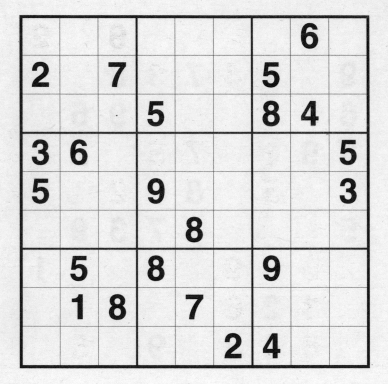

						9		2
			4		3			
4	7	9						
		1		7	5			
		5				2		
				3		6		
	6		9					
	3		6				1	
	8	4					5	

Solution see page 279

			7			3		
4	1							
				5	3		9	
		5						6
9		7						
			4	2	9			
			1				4	
1	8		6					
				3			2	5

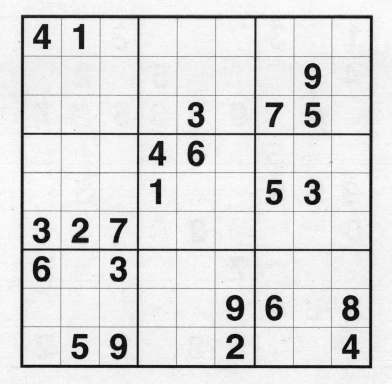

1		3						
					6		2	
	4		9			5		7
				4				
	9	5					3	
6				8			1	
			7					5
8		4						
			5			3		2

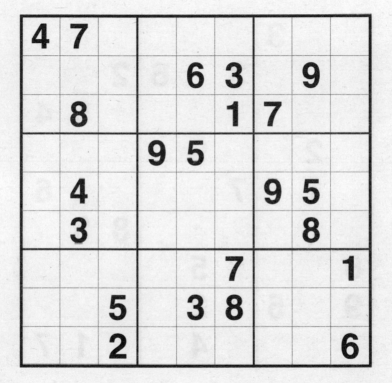

Solution see page 280

		3						
			3		6	2		
							5	4
	2			9				
	1		7					6
						8	3	
6				5				
9		5		2				
				4			1	7

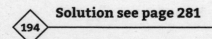

		6		5	2			
						3	6	
9		4			1			
	6	8						
			7					1
				3			2	9
			5					
1	2							
			4			9	8	

Solution see page 281

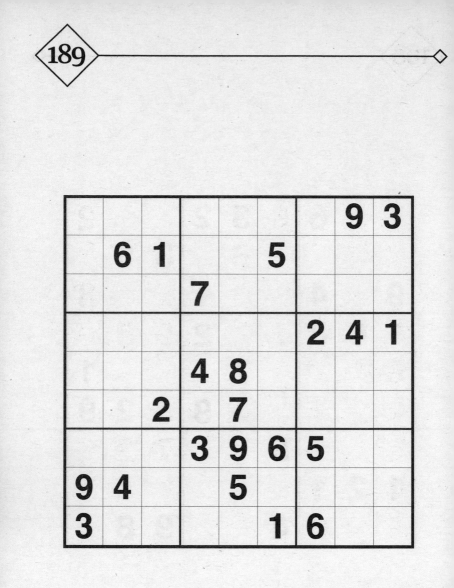

Solution see page 281

1	5		6	3				2
	3			5				
								8
			7		2	9	5	
6								
					9	3		
			5			7	2	
4		1						
		6	2					

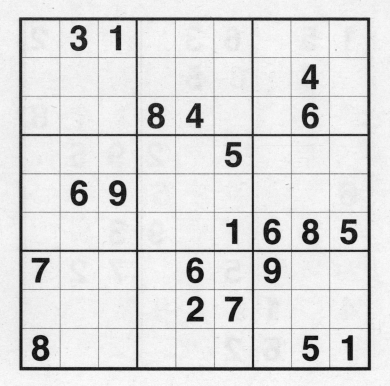

Solution see page 282

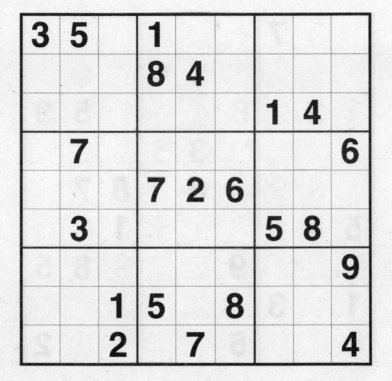

Solution see page 282

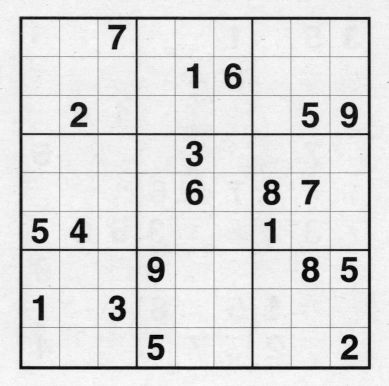

Solution see page 283

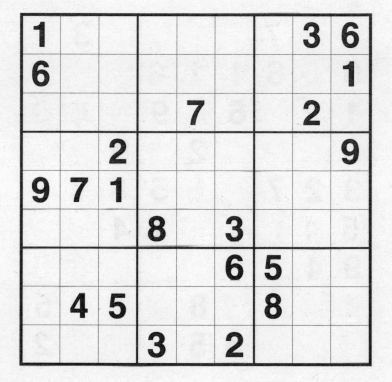

							3	
5		6	1					
1			6		9			
				2		9		
3	2	7				5		
					1	4		
9	4							
				8		7		5
				5				2

 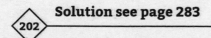**Solution see page 283**

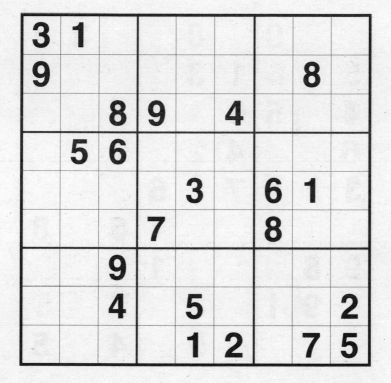

Solution see page 284

		9		8			2	3
				3				
4		5				1		
6			4					
1			7		6			
						5		8
	8				1			
	9	1						
						4		5

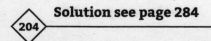

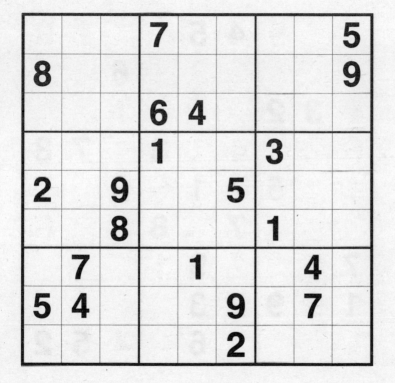

Solution see page 284

			4	5				
						6		1
	3	2						
					3		7	8
		5		1		3		
			7		8			
7				9				
1		9	2	3				
				6			5	2

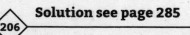

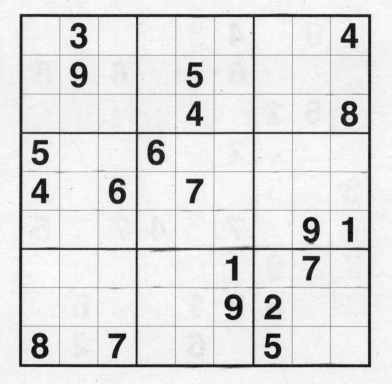

Solution see page 285

	9		4					
			6			4		5
	6	1						
			2		8			
3						5		
					4	7		6
		9						
		8	3	1			6	
				6			2	1

4		3			7			
9							1	3
				5				2
	2		1			6		
	7							
				3	8			
							3	1
		9	6					
			2		9			7

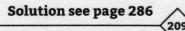

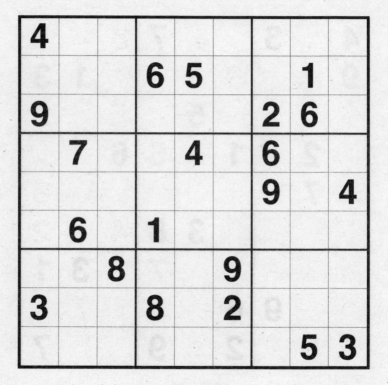

Solution see page 286

		5				8		
			9	8				
6		7				5		
			3	1	6			
								8
						4		2
					7	2	3	
		6	4		3		7	
	5							

205

3	2		9					
		9	6				8	
					4		5	
						9		7
			2	7				
6	8							
					1			
	1	4			5			
							6	2

8			4				1	
			6				9	
			2			4	3	
						3	4	6
		7						
		5		1				
					5			9
	3						6	
1	4				2			

Solution see page 287

			8					
9		8						
							5	7
							4	3
		1	9		8	7		
		9			2			
	7			4				
						6		
5	3			7				2

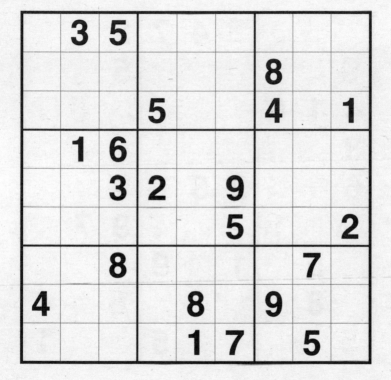

Solution see page 288

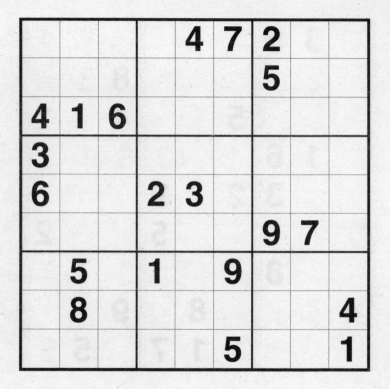

Solution see page 288

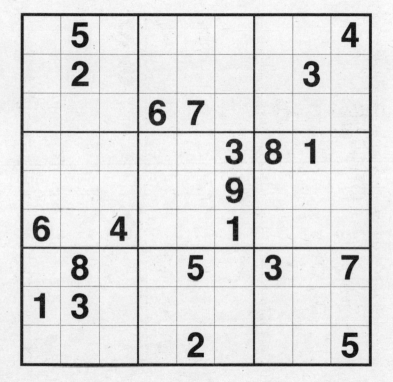

Solution see page 288

SOLUTIONS

1

2	4	6	5	3	8	1	9	7
8	1	7	6	9	2	4	5	3
9	5	3	1	4	7	6	2	8
3	8	4	9	2	6	5	7	1
1	6	2	7	5	3	8	4	9
7	9	5	4	8	1	2	3	6
4	7	9	8	1	5	3	6	2
6	3	1	2	7	4	9	8	5
5	2	8	3	6	9	7	1	4

2

9	5	6	4	2	8	7	1	3
7	3	4	9	6	1	5	2	8
2	1	8	3	5	7	6	9	4
5	8	9	6	7	2	3	4	1
6	2	7	1	3	4	9	8	5
1	4	3	5	8	9	2	6	7
8	6	2	7	1	3	4	5	9
3	9	5	8	4	6	1	7	2
4	7	1	2	9	5	8	3	6

3

1	4	8	5	2	9	7	6	3
6	3	5	8	7	4	2	9	1
7	9	2	6	1	3	4	5	8
9	1	7	4	3	5	6	8	2
8	2	6	7	9	1	5	3	4
4	5	3	2	6	8	9	1	7
2	6	9	1	8	7	3	4	5
3	8	4	9	5	2	1	7	6
5	7	1	3	4	6	8	2	9

SOLUTIONS

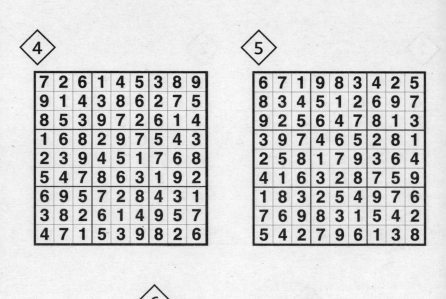

4

7	2	6	1	4	5	3	8	9
9	1	4	3	8	6	2	7	5
8	5	3	9	7	2	6	1	4
1	6	8	2	9	7	5	4	3
2	3	9	4	5	1	7	6	8
5	4	7	8	6	3	1	9	2
6	9	5	7	2	8	4	3	1
3	8	2	6	1	4	9	5	7
4	7	1	5	3	9	8	2	6

5

6	7	1	9	8	3	4	2	5
8	3	4	5	1	2	6	9	7
9	2	5	6	4	7	8	1	3
3	9	7	4	6	5	2	8	1
2	5	8	1	7	9	3	6	4
4	1	6	3	2	8	7	5	9
1	8	3	2	5	4	9	7	6
7	6	9	8	3	1	5	4	2
5	4	2	7	9	6	1	3	8

6

2	8	7	4	3	6	1	9	5
3	5	9	8	1	7	6	2	4
6	1	4	2	5	9	3	8	7
9	2	8	1	4	5	7	6	3
4	7	5	3	6	8	2	1	9
1	3	6	9	7	2	4	5	8
8	6	3	7	9	1	5	4	2
7	9	1	5	2	4	8	3	6
5	4	2	6	8	3	9	7	1

7

8	7	4	3	2	9	6	5	1
2	9	1	6	5	8	7	4	3
3	5	6	4	1	7	8	2	9
6	3	7	8	4	2	1	9	5
4	8	5	9	6	1	3	7	2
9	1	2	7	3	5	4	6	8
1	4	9	5	8	6	2	3	7
5	6	8	2	7	3	9	1	4
7	2	3	1	9	4	5	8	6

8

6	3	7	1	5	2	9	8	4
8	4	1	6	9	3	7	2	5
9	2	5	7	8	4	3	1	6
3	7	2	9	6	8	5	4	1
1	6	4	5	3	7	8	9	2
5	8	9	4	2	1	6	3	7
2	5	6	3	4	9	1	7	8
4	1	3	8	7	5	2	6	9
7	9	8	2	1	6	4	5	3

9

9	7	2	3	6	8	4	1	5
6	8	5	9	4	1	3	2	7
4	3	1	7	2	5	6	9	8
8	2	7	5	3	9	1	6	4
5	9	4	8	1	6	7	3	2
3	1	6	2	7	4	5	8	9
7	4	8	6	9	3	2	5	1
1	5	3	4	8	2	9	7	6
2	6	9	1	5	7	8	4	3

SOLUTIONS

10

6	8	2	4	7	3	5	1	9
7	9	3	5	6	1	4	2	8
4	1	5	9	8	2	7	3	6
5	4	1	7	2	9	6	8	3
9	6	7	8	3	5	1	4	2
3	2	8	6	1	4	9	5	7
1	3	4	2	9	6	8	7	5
2	7	9	1	5	8	3	6	4
8	5	6	3	4	7	2	9	1

11

9	2	3	7	1	8	6	4	5
7	4	8	2	6	5	3	9	1
5	1	6	4	9	3	7	2	8
2	3	9	5	7	6	1	8	4
1	8	5	3	4	2	9	6	7
4	6	7	1	8	9	2	5	3
3	5	4	6	2	1	8	7	9
6	9	1	8	5	7	4	3	2
8	7	2	9	3	4	5	1	6

12

1	6	8	4	7	3	2	9	5
3	4	7	5	9	2	6	1	8
5	2	9	1	8	6	7	4	3
2	1	4	6	5	8	9	3	7
7	9	5	3	2	4	1	8	6
8	3	6	9	1	7	4	5	2
9	7	1	8	6	5	3	2	4
4	8	2	7	3	1	5	6	9
6	5	3	2	4	9	8	7	1

13

3	5	7	6	8	2	9	4	1
9	4	8	5	1	3	7	2	6
6	2	1	4	9	7	5	8	3
2	9	4	3	6	1	8	7	5
8	1	6	2	7	5	3	9	4
7	3	5	8	4	9	1	6	2
4	8	3	7	5	6	2	1	9
5	7	9	1	2	4	6	3	8
1	6	2	9	3	8	4	5	7

14

1	5	7	8	2	9	3	6	4
4	9	3	1	5	6	8	7	2
2	8	6	7	3	4	9	5	1
9	4	2	5	6	8	7	1	3
7	1	8	2	4	3	5	9	6
3	6	5	9	1	7	2	4	8
6	7	1	3	8	5	4	2	9
5	3	4	6	9	2	1	8	7
8	2	9	4	7	1	6	3	5

15

1	8	9	3	5	2	4	6	7
6	4	2	1	9	7	3	8	5
7	5	3	6	4	8	1	9	2
3	1	8	5	2	4	6	7	9
2	6	5	7	1	9	8	4	3
9	7	4	8	3	6	2	5	1
8	3	1	9	6	5	7	2	4
5	2	6	4	7	1	9	3	8
4	9	7	2	8	3	5	1	6

SOLUTIONS

16

8	5	1	7	2	9	4	6	3
6	4	3	8	1	5	7	9	2
7	9	2	3	4	6	5	1	8
1	6	7	2	3	8	9	5	4
9	3	4	6	5	1	2	8	7
5	2	8	4	9	7	1	3	6
4	1	6	5	8	2	3	7	9
2	7	5	9	6	3	8	4	1
3	8	9	1	7	4	6	2	5

17

7	9	4	2	1	3	5	8	6
5	8	2	7	6	9	4	3	1
6	1	3	5	4	8	2	9	7
2	6	8	9	7	4	1	5	3
3	7	9	1	5	6	8	4	2
1	4	5	3	8	2	6	7	9
9	3	1	4	2	5	7	6	8
4	2	6	8	3	7	9	1	5
8	5	7	6	9	1	3	2	4

18

9	5	6	2	8	4	7	3	1
2	3	4	1	6	7	8	5	9
1	8	7	5	3	9	6	2	4
8	2	5	3	9	6	4	1	7
7	9	3	4	1	5	2	6	8
4	6	1	8	7	2	5	9	3
5	7	2	9	4	3	1	8	6
6	1	9	7	2	8	3	4	5
3	4	8	6	5	1	9	7	2

19

7	2	3	5	6	1	9	4	8
4	1	9	8	2	3	6	7	5
6	8	5	9	4	7	3	2	1
9	3	8	2	1	4	5	6	7
1	5	6	7	3	8	4	9	2
2	4	7	6	9	5	8	1	3
8	6	4	1	5	2	7	3	9
3	7	1	4	8	9	2	5	6
5	9	2	3	7	6	1	8	4

20

3	2	6	8	9	5	7	4	1
5	4	8	1	6	7	3	9	2
7	1	9	2	3	4	5	6	8
8	3	1	7	2	6	4	5	9
4	6	5	9	1	3	8	2	7
2	9	7	5	4	8	6	1	3
1	8	3	4	5	9	2	7	6
9	7	4	6	8	2	1	3	5
6	5	2	3	7	1	9	8	4

21

4	6	9	5	8	2	7	3	1
5	1	3	4	7	9	6	2	8
2	7	8	3	1	6	9	5	4
7	2	4	9	3	1	8	6	5
1	9	5	6	4	8	2	7	3
3	8	6	7	2	5	4	1	9
6	4	7	8	5	3	1	9	2
9	5	1	2	6	4	3	8	7
8	3	2	1	9	7	5	4	6

SOLUTIONS

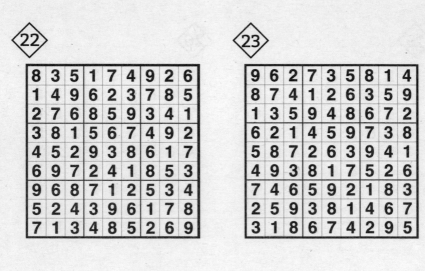

22

8	3	5	1	7	4	9	2	6
1	4	9	6	2	3	7	8	5
2	7	6	8	5	9	3	4	1
3	8	1	5	6	7	4	9	2
4	5	2	9	3	8	6	1	7
6	9	7	2	4	1	8	5	3
9	6	8	7	1	2	5	3	4
5	2	4	3	9	6	1	7	8
7	1	3	4	8	5	2	6	9

23

9	6	2	7	3	5	8	1	4
8	7	4	1	2	6	3	5	9
1	3	5	9	4	8	6	7	2
6	2	1	4	5	9	7	3	8
5	8	7	2	6	3	9	4	1
4	9	3	8	1	7	5	2	6
7	4	6	5	9	2	1	8	3
2	5	9	3	8	1	4	6	7
3	1	8	6	7	4	2	9	5

24

2	5	1	9	7	4	6	8	3
9	8	6	5	3	1	4	7	2
7	4	3	2	8	6	1	5	9
1	3	4	7	6	5	2	9	8
5	2	9	1	4	8	7	3	6
6	7	8	3	9	2	5	4	1
4	6	5	8	2	3	9	1	7
8	1	7	6	5	9	3	2	4
3	9	2	4	1	7	8	6	5

25

9	2	8	4	6	5	3	1	7
3	6	4	7	9	1	5	2	8
1	7	5	2	3	8	4	9	6
8	4	9	5	1	6	7	3	2
5	3	2	9	8	7	1	6	4
7	1	6	3	4	2	9	8	5
4	5	1	6	2	9	8	7	3
6	9	7	8	5	3	2	4	1
2	8	3	1	7	4	6	5	9

26

5	8	2	4	7	3	9	6	1
3	6	4	9	1	2	7	5	8
1	9	7	6	5	8	3	2	4
6	5	9	3	8	1	2	4	7
4	3	8	7	2	9	5	1	6
7	2	1	5	6	4	8	9	3
8	4	6	2	9	7	1	3	5
9	7	5	1	3	6	4	8	2
2	1	3	8	4	5	6	7	9

27

1	7	8	3	9	2	5	6	4
6	2	5	1	8	4	9	3	7
4	9	3	5	7	6	1	8	2
8	3	9	7	4	5	6	2	1
7	1	6	9	2	8	4	5	3
2	5	4	6	3	1	7	9	8
9	4	1	2	5	3	8	7	6
5	8	2	4	6	7	3	1	9
3	6	7	8	1	9	2	4	5

SOLUTIONS

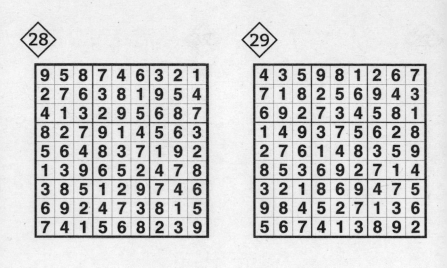

28

9	5	8	7	4	6	3	2	1
2	7	6	3	8	1	9	5	4
4	1	3	2	9	5	6	8	7
8	2	7	9	1	4	5	6	3
5	6	4	8	3	7	1	9	2
1	3	9	6	5	2	4	7	8
3	8	5	1	2	9	7	4	6
6	9	2	4	7	3	8	1	5
7	4	1	5	6	8	2	3	9

29

4	3	5	9	8	1	2	6	7
7	1	8	2	5	6	9	4	3
6	9	2	7	3	4	5	8	1
1	4	9	3	7	5	6	2	8
2	7	6	1	4	8	3	5	9
8	5	3	6	9	2	7	1	4
3	2	1	8	6	9	4	7	5
9	8	4	5	2	7	1	3	6
5	6	7	4	1	3	8	9	2

30

2	9	1	4	5	3	6	8	7
5	4	8	2	7	6	3	9	1
7	3	6	1	8	9	2	4	5
6	2	4	5	3	7	8	1	9
8	7	9	6	1	2	5	3	4
1	5	3	8	9	4	7	6	2
4	8	7	9	6	5	1	2	3
3	1	2	7	4	8	9	5	6
9	6	5	3	2	1	4	7	8

31

3	2	7	9	6	4	5	1	8
8	5	6	2	3	1	4	9	7
4	1	9	8	7	5	6	2	3
7	6	2	3	1	8	9	5	4
1	4	8	5	9	2	7	3	6
5	9	3	7	4	6	1	8	2
6	8	4	1	5	3	2	7	9
2	7	1	6	8	9	3	4	5
9	3	5	4	2	7	8	6	1

32

8	2	3	9	6	7	1	4	5
7	5	6	1	2	4	9	8	3
9	4	1	8	5	3	2	7	6
4	9	5	7	3	2	8	6	1
6	1	2	5	9	8	4	3	7
3	8	7	4	1	6	5	2	9
5	6	4	3	8	1	7	9	2
1	3	8	2	7	9	6	5	4
2	7	9	6	4	5	3	1	8

33

6	9	3	1	8	2	5	7	4
4	8	5	6	9	7	2	3	1
7	1	2	4	3	5	6	9	8
2	4	9	3	7	6	8	1	5
8	5	7	2	1	9	4	6	3
1	3	6	8	5	4	7	2	9
3	6	1	7	4	8	9	5	2
5	2	4	9	6	3	1	8	7
9	7	8	5	2	1	3	4	6

SOLUTIONS

34

1	9	4	8	5	3	2	7	6
7	3	6	2	9	1	5	4	8
8	2	5	6	7	4	9	1	3
6	5	1	3	4	7	8	9	2
3	8	9	1	2	5	7	6	4
2	4	7	9	6	8	3	5	1
4	6	2	5	3	9	1	8	7
5	1	3	7	8	6	4	2	9
9	7	8	4	1	2	6	3	5

35

3	4	5	7	2	1	8	9	6
7	1	8	6	9	5	2	4	3
2	9	6	3	4	8	7	5	1
4	3	2	8	1	7	5	6	9
8	6	1	9	5	4	3	2	7
9	5	7	2	3	6	4	1	8
6	7	9	4	8	2	1	3	5
5	8	4	1	6	3	9	7	2
1	2	3	5	7	9	6	8	4

36

4	5	8	3	6	9	1	7	2
7	3	2	5	1	8	4	9	6
1	9	6	2	7	4	8	3	5
8	4	3	6	9	2	5	1	7
9	2	7	8	5	1	6	4	3
6	1	5	7	4	3	9	2	8
3	7	4	1	8	5	2	6	9
2	8	1	9	3	6	7	5	4
5	6	9	4	2	7	3	8	1

37

2	6	4	3	1	7	9	8	5
7	9	8	2	5	4	3	1	6
3	5	1	9	8	6	2	4	7
1	4	5	6	2	8	7	3	9
9	7	2	4	3	1	5	6	8
8	3	6	7	9	5	1	2	4
4	1	7	5	6	2	8	9	3
6	2	3	8	7	9	4	5	1
5	8	9	1	4	3	6	7	2

38

2	8	1	7	9	6	5	4	3
6	3	4	1	5	2	8	7	9
5	9	7	4	8	3	1	2	6
8	2	5	9	7	4	3	6	1
3	4	9	6	1	8	2	5	7
7	1	6	3	2	5	4	9	8
9	7	3	2	4	1	6	8	5
1	5	2	8	6	9	7	3	4
4	6	8	5	3	7	9	1	2

39

3	8	6	2	4	5	7	1	9
1	7	5	3	9	6	8	4	2
4	9	2	1	8	7	5	6	3
5	1	7	4	2	9	3	8	6
8	4	3	6	7	1	2	9	5
2	6	9	5	3	8	4	7	1
9	2	4	7	1	3	6	5	8
6	3	1	8	5	4	9	2	7
7	5	8	9	6	2	1	3	4

SOLUTIONS

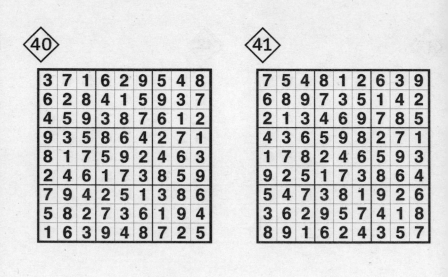

40

3	7	1	6	2	9	5	4	8
6	2	8	4	1	5	9	3	7
4	5	9	3	8	7	6	1	2
9	3	5	8	6	4	2	7	1
8	1	7	5	9	2	4	6	3
2	4	6	1	7	3	8	5	9
7	9	4	2	5	1	3	8	6
5	8	2	7	3	6	1	9	4
1	6	3	9	4	8	7	2	5

41

7	5	4	8	1	2	6	3	9
6	8	9	7	3	5	1	4	2
2	1	3	4	6	9	7	8	5
4	3	6	5	9	8	2	7	1
1	7	8	2	4	6	5	9	3
9	2	5	1	7	3	8	6	4
5	4	7	3	8	1	9	2	6
3	6	2	9	5	7	4	1	8
8	9	1	6	2	4	3	5	7

42

6	2	9	4	5	7	3	1	8
3	4	5	9	8	1	2	6	7
1	8	7	2	3	6	4	5	9
8	5	1	7	4	3	6	9	2
9	7	6	5	2	8	1	3	4
4	3	2	1	6	9	7	8	5
7	6	4	3	9	5	8	2	1
5	1	3	8	7	2	9	4	6
2	9	8	6	1	4	5	7	3

43

5	4	1	9	7	8	3	2	6
7	9	2	5	3	6	8	4	1
8	6	3	4	2	1	9	7	5
9	5	4	6	8	7	2	1	3
3	8	7	1	9	2	6	5	4
2	1	6	3	4	5	7	8	9
1	2	9	8	5	3	4	6	7
4	7	5	2	6	9	1	3	8
6	3	8	7	1	4	5	9	2

44

8	9	2	1	4	6	3	5	7
6	5	3	7	8	9	2	4	1
1	7	4	3	5	2	6	9	8
9	8	5	4	3	7	1	2	6
4	3	6	2	1	5	8	7	9
2	1	7	6	9	8	4	3	5
7	4	9	8	2	1	5	6	3
5	2	1	9	6	3	7	8	4
3	6	8	5	7	4	9	1	2

45

8	2	4	6	1	3	7	9	5
5	1	9	7	8	4	3	2	6
6	3	7	5	9	2	8	4	1
3	7	8	4	5	6	2	1	9
1	6	2	8	3	9	4	5	7
4	9	5	2	7	1	6	8	3
2	5	1	3	4	7	9	6	8
9	4	3	1	6	8	5	7	2
7	8	6	9	2	5	1	3	4

SOLUTIONS

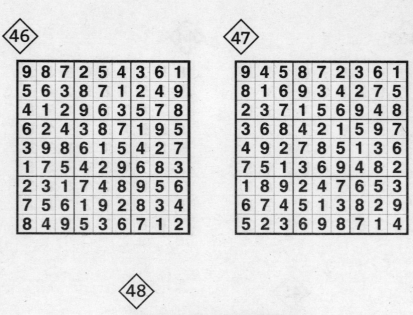

49

9	7	3	5	6	1	4	8	2
5	1	8	7	4	2	9	3	6
4	2	6	8	9	3	7	5	1
3	5	1	6	8	9	2	7	4
8	6	9	4	2	7	5	1	3
7	4	2	3	1	5	8	6	9
1	8	7	9	3	4	6	2	5
6	3	4	2	5	8	1	9	7
2	9	5	1	7	6	3	4	8

50

1	7	5	3	4	6	8	2	9
3	4	8	7	2	9	5	1	6
9	6	2	8	1	5	4	3	7
7	8	6	1	5	3	9	4	2
5	1	4	2	9	7	6	8	3
2	9	3	4	6	8	7	5	1
6	2	1	5	7	4	3	9	8
8	5	9	6	3	2	1	7	4
4	3	7	9	8	1	2	6	5

51

2	5	7	8	3	6	9	1	4
9	8	4	5	1	2	6	3	7
1	3	6	4	9	7	2	8	5
5	6	9	1	7	8	4	2	3
4	1	3	9	2	5	8	7	6
7	2	8	6	4	3	5	9	1
3	7	5	2	8	4	1	6	9
8	4	1	3	6	9	7	5	2
6	9	2	7	5	1	3	4	8

SOLUTIONS

52

4	5	3	9	6	8	7	1	2
2	1	8	3	4	7	6	9	5
6	7	9	2	5	1	4	8	3
9	8	6	5	1	4	2	3	7
1	2	7	8	3	6	5	4	9
5	3	4	7	2	9	8	6	1
8	9	1	6	7	5	3	2	4
3	6	5	4	9	2	1	7	8
7	4	2	1	8	3	9	5	6

53

4	8	3	6	5	2	7	1	9
1	5	6	7	9	8	4	3	2
7	9	2	3	1	4	5	8	6
3	2	4	1	6	5	9	7	8
8	7	1	4	3	9	2	6	5
5	6	9	2	8	7	1	4	3
9	4	7	8	2	3	6	5	1
6	3	5	9	7	1	8	2	4
2	1	8	5	4	6	3	9	7

54

5	3	9	8	4	1	2	6	7
7	8	6	3	9	2	4	1	5
2	4	1	7	6	5	9	8	3
9	1	7	6	3	4	5	2	8
4	5	8	2	1	9	7	3	6
3	6	2	5	8	7	1	9	4
8	7	5	9	2	6	3	4	1
1	9	3	4	5	8	6	7	2
6	2	4	1	7	3	8	5	9

55

4	9	2	8	1	6	3	5	7
3	8	5	7	2	9	4	6	1
1	6	7	5	4	3	2	8	9
7	3	6	9	8	2	5	1	4
8	1	4	3	5	7	9	2	6
5	2	9	4	6	1	7	3	8
9	7	8	1	3	5	6	4	2
2	4	3	6	9	8	1	7	5
6	5	1	2	7	4	8	9	3

56

8	1	4	7	6	9	3	5	2
2	5	6	8	3	4	9	7	1
9	7	3	1	2	5	4	6	8
6	3	2	9	8	1	7	4	5
4	9	7	6	5	2	1	8	3
1	8	5	3	4	7	6	2	9
7	2	1	5	9	6	8	3	4
3	4	9	2	7	8	5	1	6
5	6	8	4	1	3	2	9	7

57

7	2	9	6	8	5	1	4	3
8	4	3	9	2	1	6	5	7
5	1	6	3	7	4	9	2	8
3	5	2	4	6	9	8	7	1
9	6	7	8	1	2	4	3	5
4	8	1	7	5	3	2	6	9
6	3	4	1	9	7	5	8	2
2	9	8	5	3	6	7	1	4
1	7	5	2	4	8	3	9	6

SOLUTIONS

58

8	7	9	3	2	5	6	1	4
3	1	6	4	7	8	2	5	9
2	4	5	6	9	1	8	3	7
9	6	8	1	5	3	4	7	2
7	2	1	8	4	9	5	6	3
4	5	3	7	6	2	9	8	1
1	9	2	5	3	6	7	4	8
5	8	7	2	1	4	3	9	6
6	3	4	9	8	7	1	2	5

59

6	5	8	9	4	3	2	1	7
3	1	9	2	5	7	4	8	6
4	2	7	8	6	1	5	3	9
8	6	2	7	3	4	1	9	5
1	4	3	5	9	8	6	7	2
7	9	5	1	2	6	8	4	3
9	8	1	6	7	5	3	2	4
5	7	4	3	8	2	9	6	1
2	3	6	4	1	9	7	5	8

60

4	9	2	3	1	5	6	7	8
5	3	1	8	6	7	2	9	4
8	7	6	2	4	9	3	1	5
2	8	9	7	3	4	1	5	6
7	6	5	9	8	1	4	3	2
1	4	3	5	2	6	9	8	7
9	1	7	6	5	2	8	4	3
3	2	4	1	7	8	5	6	9
6	5	8	4	9	3	7	2	1

61

2	1	4	6	5	8	3	7	9
3	9	6	7	1	4	5	2	8
7	8	5	2	9	3	6	4	1
6	4	1	5	3	7	9	8	2
5	2	9	4	8	6	7	1	3
8	3	7	1	2	9	4	5	6
1	6	8	3	7	5	2	9	4
9	5	3	8	4	2	1	6	7
4	7	2	9	6	1	8	3	5

62

4	9	8	6	1	2	7	3	5
6	7	5	4	3	9	1	2	8
2	3	1	8	7	5	4	9	6
3	1	4	2	6	8	5	7	9
5	8	6	1	9	7	2	4	3
7	2	9	3	5	4	6	8	1
8	5	3	7	4	1	9	6	2
1	4	2	9	8	6	3	5	7
9	6	7	5	2	3	8	1	4

63

4	5	9	8	3	1	7	6	2
6	1	3	9	7	2	4	8	5
8	2	7	6	4	5	9	1	3
3	9	6	7	1	4	5	2	8
5	7	1	2	8	9	6	3	4
2	8	4	5	6	3	1	9	7
1	4	8	3	9	7	2	5	6
9	6	2	4	5	8	3	7	1
7	3	5	1	2	6	8	4	9

SOLUTIONS

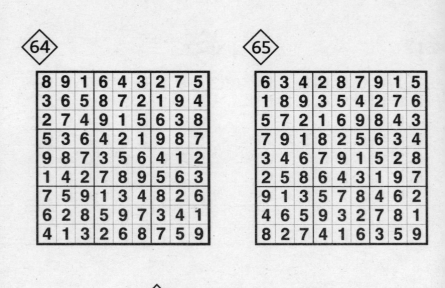

64

8	9	1	6	4	3	2	7	5
3	6	5	8	7	2	1	9	4
2	7	4	9	1	5	6	3	8
5	3	6	4	2	1	9	8	7
9	8	7	3	5	6	4	1	2
1	4	2	7	8	9	5	6	3
7	5	9	1	3	4	8	2	6
6	2	8	5	9	7	3	4	1
4	1	3	2	6	8	7	5	9

65

6	3	4	2	8	7	9	1	5
1	8	9	3	5	4	2	7	6
5	7	2	1	6	9	8	4	3
7	9	1	8	2	5	6	3	4
3	4	6	7	9	1	5	2	8
2	5	8	6	4	3	1	9	7
9	1	3	5	7	8	4	6	2
4	6	5	9	3	2	7	8	1
8	2	7	4	1	6	3	5	9

66

1	9	5	3	6	7	4	8	2
8	2	7	9	5	4	3	1	6
4	3	6	8	2	1	5	9	7
7	4	8	1	9	5	2	6	3
9	6	3	7	8	2	1	4	5
5	1	2	4	3	6	8	7	9
3	7	4	2	1	9	6	5	8
6	8	1	5	7	3	9	2	4
2	5	9	6	4	8	7	3	1

67

8	3	6	7	9	1	4	5	2
7	1	4	3	5	2	8	9	6
9	5	2	4	6	8	3	7	1
4	8	3	9	2	7	1	6	5
6	9	1	5	8	4	2	3	7
5	2	7	1	3	6	9	4	8
2	4	8	6	7	3	5	1	9
3	6	5	8	1	9	7	2	4
1	7	9	2	4	5	6	8	3

68

4	6	2	1	9	7	8	3	5
9	3	1	8	5	2	7	4	6
8	7	5	3	6	4	1	2	9
6	4	7	9	3	1	5	8	2
2	8	9	5	4	6	3	1	7
5	1	3	2	7	8	6	9	4
7	2	6	4	8	3	9	5	1
3	5	4	7	1	9	2	6	8
1	9	8	6	2	5	4	7	3

69

4	3	9	1	6	2	5	8	7
7	5	1	8	4	9	6	2	3
6	2	8	7	5	3	9	4	1
1	7	6	2	9	8	3	5	4
3	9	4	5	7	6	8	1	2
2	8	5	4	3	1	7	9	6
9	6	2	3	8	4	1	7	5
8	4	7	6	1	5	2	3	9
5	1	3	9	2	7	4	6	8

SOLUTIONS

70

1	3	4	7	2	6	8	5	9
7	6	9	8	1	5	2	4	3
8	5	2	4	9	3	1	7	6
9	4	5	1	7	8	3	6	2
6	1	7	9	3	2	4	8	5
2	8	3	5	6	4	9	1	7
5	7	8	2	4	9	6	3	1
3	2	1	6	8	7	5	9	4
4	9	6	3	5	1	7	2	8

71

3	7	2	4	1	9	6	5	8
5	9	6	8	2	7	4	1	3
4	8	1	5	6	3	7	9	2
2	4	5	6	9	8	1	3	7
9	6	8	7	3	1	5	2	4
1	3	7	2	4	5	9	8	6
6	2	3	1	5	4	8	7	9
7	5	4	9	8	2	3	6	1
8	1	9	3	7	6	2	4	5

72

9	7	2	1	6	4	5	8	3
3	4	8	9	5	7	2	6	1
5	6	1	8	3	2	4	7	9
4	3	7	5	2	8	1	9	6
2	8	6	4	9	1	7	3	5
1	5	9	6	7	3	8	2	4
6	9	4	2	8	5	3	1	7
7	2	5	3	1	9	6	4	8
8	1	3	7	4	6	9	5	2

73

6	3	7	4	5	9	1	2	8
4	2	8	1	6	3	5	7	9
5	1	9	7	2	8	3	4	6
3	9	6	8	4	1	2	5	7
8	7	1	2	9	5	6	3	4
2	4	5	6	3	7	8	9	1
9	8	4	5	1	2	7	6	3
7	5	3	9	8	6	4	1	2
1	6	2	3	7	4	9	8	5

74

6	8	3	2	4	5	1	7	9
5	9	1	8	3	7	6	4	2
2	7	4	1	6	9	5	8	3
1	5	9	3	2	8	4	6	7
7	6	2	4	5	1	3	9	8
4	3	8	7	9	6	2	1	5
8	2	6	9	1	3	7	5	4
3	1	7	5	8	4	9	2	6
9	4	5	6	7	2	8	3	1

75

5	9	3	6	1	7	2	4	8
2	1	6	4	5	8	9	7	3
7	8	4	9	2	3	1	6	5
8	4	7	5	3	1	6	2	9
3	6	2	7	4	9	5	8	1
9	5	1	2	8	6	7	3	4
4	7	5	8	9	2	3	1	6
1	2	8	3	6	5	4	9	7
6	3	9	1	7	4	8	5	2

SOLUTIONS

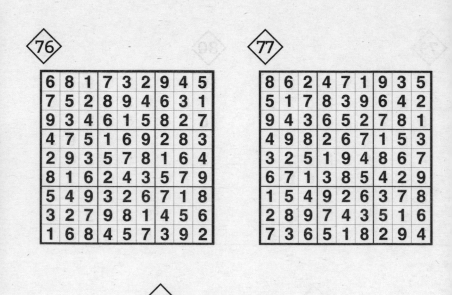

76

6	8	1	7	3	2	9	4	5
7	5	2	8	9	4	6	3	1
9	3	4	6	1	5	8	2	7
4	7	5	1	6	9	2	8	3
2	9	3	5	7	8	1	6	4
8	1	6	2	4	3	5	7	9
5	4	9	3	2	6	7	1	8
3	2	7	9	8	1	4	5	6
1	6	8	4	5	7	3	9	2

77

8	6	2	4	7	1	9	3	5
5	1	7	8	3	9	6	4	2
9	4	3	6	5	2	7	8	1
4	9	8	2	6	7	1	5	3
3	2	5	1	9	4	8	6	7
6	7	1	3	8	5	4	2	9
1	5	4	9	2	6	3	7	8
2	8	9	7	4	3	5	1	6
7	3	6	5	1	8	2	9	4

78

2	8	7	5	4	9	6	1	3
4	3	6	2	7	1	8	5	9
9	1	5	3	8	6	2	4	7
3	2	1	8	9	7	4	6	5
6	9	8	4	5	3	7	2	1
7	5	4	6	1	2	9	3	8
5	7	9	1	2	4	3	8	6
1	6	2	9	3	8	5	7	4
8	4	3	7	6	5	1	9	2

79

9	5	4	2	7	1	8	6	3
7	6	1	9	3	8	4	2	5
8	3	2	5	4	6	9	1	7
3	8	5	6	1	4	2	7	9
4	9	7	8	5	2	1	3	6
2	1	6	3	9	7	5	8	4
6	2	9	7	8	5	3	4	1
5	4	8	1	6	3	7	9	2
1	7	3	4	2	9	6	5	8

80

8	5	3	2	7	1	9	6	4
1	2	4	9	5	6	7	3	8
6	7	9	4	8	3	5	1	2
7	8	5	1	2	4	6	9	3
2	3	1	7	6	9	8	4	5
9	4	6	8	3	5	1	2	7
5	1	2	6	4	8	3	7	9
4	9	8	3	1	7	2	5	6
3	6	7	5	9	2	4	8	1

81

9	4	2	7	3	6	5	8	1
1	3	6	8	5	2	7	4	9
5	7	8	1	4	9	2	6	3
4	8	3	2	6	1	9	5	7
2	9	5	4	7	3	6	1	8
6	1	7	5	9	8	4	3	2
8	5	1	6	2	7	3	9	4
3	2	4	9	8	5	1	7	6
7	6	9	3	1	4	8	2	5

SOLUTIONS

82

1	9	4	2	3	6	5	7	8
8	2	3	4	7	5	1	9	6
5	6	7	9	8	1	2	4	3
4	3	5	6	2	7	9	8	1
6	8	2	1	4	9	7	3	5
9	7	1	8	5	3	4	6	2
3	5	9	7	1	8	6	2	4
2	1	6	3	9	4	8	5	7
7	4	8	5	6	2	3	1	9

83

3	7	4	1	2	9	5	6	8
6	9	2	7	8	5	3	1	4
5	8	1	3	6	4	2	9	7
1	2	6	8	9	3	7	4	5
8	3	5	4	7	6	1	2	9
7	4	9	5	1	2	6	8	3
4	6	7	2	3	8	9	5	1
2	5	3	9	4	1	8	7	6
9	1	8	6	5	7	4	3	2

84

1	3	6	9	2	7	4	5	8
2	8	5	4	6	1	9	3	7
4	7	9	3	5	8	1	6	2
5	9	2	8	7	6	3	4	1
7	4	8	1	3	9	5	2	6
6	1	3	5	4	2	7	8	9
3	2	1	7	8	5	6	9	4
9	6	4	2	1	3	8	7	5
8	5	7	6	9	4	2	1	3

85

9	6	5	3	7	2	4	1	8
7	2	1	4	8	9	5	3	6
3	4	8	1	6	5	2	9	7
4	8	2	5	1	6	9	7	3
5	3	7	9	4	8	1	6	2
1	9	6	7	2	3	8	4	5
8	5	3	6	9	4	7	2	1
2	1	9	8	3	7	6	5	4
6	7	4	2	5	1	3	8	9

86

1	6	7	8	3	9	2	4	5
2	5	8	1	4	6	9	7	3
9	3	4	7	2	5	1	8	6
5	9	1	4	6	3	8	2	7
8	4	3	9	7	2	5	6	1
7	2	6	5	8	1	4	3	9
3	8	9	6	1	4	7	5	2
6	7	5	2	9	8	3	1	4
4	1	2	3	5	7	6	9	8

87

9	4	5	1	7	6	3	2	8
6	7	8	3	4	2	1	5	9
2	1	3	5	9	8	7	4	6
7	3	1	6	5	9	2	8	4
5	2	4	8	3	7	9	6	1
8	6	9	2	1	4	5	3	7
1	8	6	7	2	5	4	9	3
4	5	7	9	8	3	6	1	2
3	9	2	4	6	1	8	7	5

SOLUTIONS

88

9	5	7	3	4	8	1	6	2
6	2	4	1	7	9	3	5	8
1	8	3	6	2	5	9	7	4
3	7	8	5	9	4	6	2	1
5	1	9	2	6	7	8	4	3
2	4	6	8	1	3	7	9	5
7	6	1	4	3	2	5	8	9
4	9	5	7	8	1	2	3	6
8	3	2	9	5	6	4	1	7

89

4	3	8	2	6	9	1	5	7
1	7	2	5	8	3	4	9	6
9	6	5	7	1	4	3	8	2
7	1	6	4	2	8	5	3	9
8	2	3	1	9	5	7	6	4
5	9	4	3	7	6	8	2	1
2	8	1	9	3	7	6	4	5
3	4	7	6	5	2	9	1	8
6	5	9	8	4	1	2	7	3

90

8	2	4	1	6	3	5	7	9
9	1	6	5	7	4	3	2	8
7	3	5	8	9	2	1	6	4
2	5	8	6	1	7	9	4	3
3	4	7	2	8	9	6	5	1
1	6	9	3	4	5	7	8	2
5	9	1	4	2	6	8	3	7
4	8	3	7	5	1	2	9	6
6	7	2	9	3	8	4	1	5

91

7	3	4	9	1	5	2	6	8
5	9	6	4	2	8	7	1	3
2	1	8	6	7	3	5	4	9
6	4	9	1	5	2	8	3	7
3	2	1	7	8	4	6	9	5
8	5	7	3	9	6	1	2	4
4	7	3	5	6	1	9	8	2
1	8	5	2	4	9	3	7	6
9	6	2	8	3	7	4	5	1

92

8	9	7	6	2	4	1	3	5
3	4	2	8	5	1	7	9	6
5	6	1	3	7	9	2	4	8
9	1	5	2	6	8	4	7	3
4	8	6	7	1	3	9	5	2
7	2	3	4	9	5	6	8	1
2	7	9	5	3	6	8	1	4
6	3	4	1	8	7	5	2	9
1	5	8	9	4	2	3	6	7

93

4	7	1	2	3	8	6	5	9
6	9	8	7	4	5	1	2	3
5	2	3	1	9	6	7	8	4
9	1	4	5	6	3	8	7	2
8	3	7	9	1	2	4	6	5
2	6	5	8	7	4	9	3	1
3	8	6	4	2	9	5	1	7
7	5	9	3	8	1	2	4	6
1	4	2	6	5	7	3	9	8

SOLUTIONS

94

1	8	5	2	3	9	7	6	4
7	3	2	4	6	1	5	8	9
6	4	9	5	7	8	1	3	2
3	2	1	7	8	4	9	5	6
5	7	6	9	1	3	2	4	8
8	9	4	6	5	2	3	1	7
2	1	3	8	4	7	6	9	5
9	6	8	1	2	5	4	7	3
4	5	7	3	9	6	8	2	1

95

6	1	2	7	5	4	8	9	3
3	5	8	9	2	1	6	4	7
4	7	9	3	8	6	2	1	5
7	3	4	2	9	5	1	6	8
2	9	6	1	3	8	5	7	4
5	8	1	6	4	7	9	3	2
9	4	3	5	6	2	7	8	1
8	2	7	4	1	9	3	5	6
1	6	5	8	7	3	4	2	9

96

1	9	5	2	6	7	3	8	4
8	7	3	5	9	4	6	2	1
2	6	4	8	1	3	5	9	7
4	1	9	7	5	6	2	3	8
3	8	7	9	4	2	1	5	6
5	2	6	1	3	8	7	4	9
7	5	8	6	2	9	4	1	3
6	3	1	4	8	5	9	7	2
9	4	2	3	7	1	8	6	5

97

6	8	5	4	1	2	3	7	9
3	1	4	7	9	5	6	8	2
2	9	7	3	8	6	4	1	5
4	3	8	6	2	9	1	5	7
7	5	9	1	3	8	2	6	4
1	6	2	5	7	4	8	9	3
5	7	3	8	4	1	9	2	6
9	4	1	2	6	7	5	3	8
8	2	6	9	5	3	7	4	1

98

4	1	3	2	9	6	8	5	7
7	6	8	5	4	3	1	2	9
5	9	2	1	7	8	6	4	3
1	3	6	4	2	7	9	8	5
2	5	7	6	8	9	3	1	4
9	8	4	3	5	1	7	6	2
6	4	1	9	3	2	5	7	8
3	7	5	8	6	4	2	9	1
8	2	9	7	1	5	4	3	6

99

1	3	6	8	7	5	4	2	9
9	8	5	1	4	2	6	7	3
2	4	7	3	6	9	5	8	1
4	6	1	2	5	8	9	3	7
3	5	8	9	1	7	2	6	4
7	9	2	4	3	6	1	5	8
5	7	4	6	9	3	8	1	2
8	1	3	5	2	4	7	9	6
6	2	9	7	8	1	3	4	5

SOLUTIONS

4	6	8	2	7	9	3	1	5
7	5	1	8	6	3	4	9	2
9	2	3	1	5	4	7	6	8
6	3	4	9	8	1	5	2	7
2	8	5	7	4	6	9	3	1
1	9	7	5	3	2	6	8	4
3	1	6	4	2	7	8	5	9
5	7	9	3	1	8	2	4	6
8	4	2	6	9	5	1	7	3

5	8	7	3	4	1	9	2	6
2	9	4	6	8	5	7	1	3
6	1	3	9	2	7	4	5	8
7	4	6	5	1	8	2	3	9
9	5	8	4	3	2	6	7	1
1	3	2	7	9	6	5	8	4
8	7	1	2	6	9	3	4	5
3	2	9	8	5	4	1	6	7
4	6	5	1	7	3	8	9	2

4	1	7	8	3	5	2	9	6
3	6	5	9	7	2	4	1	8
8	2	9	4	6	1	7	5	3
7	8	3	1	5	9	6	2	4
9	4	2	7	8	6	1	3	5
1	5	6	3	2	4	9	8	7
6	9	1	5	4	8	3	7	2
5	3	4	2	9	7	8	6	1
2	7	8	6	1	3	5	4	9

103

9	1	8	5	4	6	2	7	3
2	3	4	8	1	7	6	5	9
7	6	5	2	3	9	1	4	8
1	2	7	3	6	5	8	9	4
6	8	3	9	2	4	7	1	5
5	4	9	7	8	1	3	2	6
8	9	1	6	5	2	4	3	7
4	7	6	1	9	3	5	8	2
3	5	2	4	7	8	9	6	1

104

6	4	1	3	5	9	2	7	8
7	5	9	8	2	4	1	3	6
8	3	2	1	7	6	9	5	4
9	6	4	2	8	5	7	1	3
1	8	5	4	3	7	6	9	2
2	7	3	9	6	1	4	8	5
5	2	7	6	9	3	8	4	1
3	1	8	7	4	2	5	6	9
4	9	6	5	1	8	3	2	7

105

9	6	7	2	5	4	8	3	1
5	3	4	7	8	1	6	2	9
2	8	1	3	6	9	7	5	4
4	9	6	8	3	2	5	1	7
3	1	8	4	7	5	9	6	2
7	2	5	1	9	6	3	4	8
8	4	9	5	1	3	2	7	6
6	5	2	9	4	7	1	8	3
1	7	3	6	2	8	4	9	5

SOLUTIONS

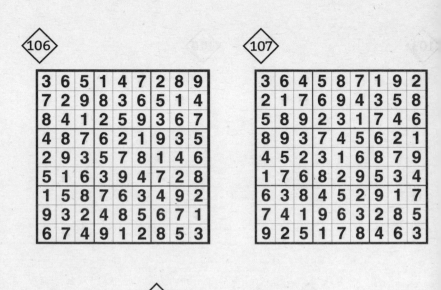

106

3	6	5	1	4	7	2	8	9
7	2	9	8	3	6	5	1	4
8	4	1	2	5	9	3	6	7
4	8	7	6	2	1	9	3	5
2	9	3	5	7	8	1	4	6
5	1	6	3	9	4	7	2	8
1	5	8	7	6	3	4	9	2
9	3	2	4	8	5	6	7	1
6	7	4	9	1	2	8	5	3

107

3	6	4	5	8	7	1	9	2
2	1	7	6	9	4	3	5	8
5	8	9	2	3	1	7	4	6
8	9	3	7	4	5	6	2	1
4	5	2	3	1	6	8	7	9
1	7	6	8	2	9	5	3	4
6	3	8	4	5	2	9	1	7
7	4	1	9	6	3	2	8	5
9	2	5	1	7	8	4	6	3

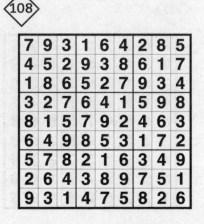

108

7	9	3	1	6	4	2	8	5
4	5	2	9	3	8	6	1	7
1	8	6	5	2	7	9	3	4
3	2	7	6	4	1	5	9	8
8	1	5	7	9	2	4	6	3
6	4	9	8	5	3	1	7	2
5	7	8	2	1	6	3	4	9
2	6	4	3	8	9	7	5	1
9	3	1	4	7	5	8	2	6

109

1	6	2	8	5	9	3	7	4
5	8	3	4	1	7	9	2	6
4	9	7	6	3	2	8	5	1
2	1	9	3	8	5	6	4	7
7	4	8	9	6	1	5	3	2
3	5	6	2	7	4	1	9	8
6	7	4	1	9	3	2	8	5
8	3	5	7	2	6	4	1	9
9	2	1	5	4	8	7	6	3

110

2	4	7	9	5	1	3	6	8
5	6	8	3	4	2	1	7	9
1	9	3	6	7	8	2	5	4
8	5	2	4	9	7	6	1	3
3	7	9	5	1	6	4	8	2
6	1	4	2	8	3	5	9	7
7	2	1	8	6	4	9	3	5
4	8	5	1	3	9	7	2	6
9	3	6	7	2	5	8	4	1

111

8	6	3	7	5	1	4	2	9
7	9	4	2	3	8	1	6	5
2	1	5	6	9	4	8	7	3
9	7	8	4	2	5	3	1	6
3	2	1	8	7	6	9	5	4
5	4	6	3	1	9	7	8	2
4	5	2	9	8	7	6	3	1
6	3	7	1	4	2	5	9	8
1	8	9	5	6	3	2	4	7

SOLUTIONS

112

9	2	7	5	4	6	3	1	8
1	6	5	2	3	8	7	4	9
3	8	4	1	7	9	6	2	5
5	3	1	7	2	4	8	9	6
8	4	6	3	9	5	1	7	2
2	7	9	6	8	1	5	3	4
4	5	8	9	1	3	2	6	7
6	1	2	4	5	7	9	8	3
7	9	3	8	6	2	4	5	1

113

6	7	8	3	9	5	2	1	4
2	4	9	1	6	8	3	5	7
1	5	3	4	7	2	9	8	6
4	8	7	6	3	9	5	2	1
9	3	6	5	2	1	4	7	8
5	1	2	7	8	4	6	3	9
8	9	1	2	4	3	7	6	5
3	6	4	8	5	7	1	9	2
7	2	5	9	1	6	8	4	3

114

4	3	8	6	9	5	1	2	7
6	1	9	7	4	2	8	3	5
7	2	5	1	8	3	4	9	6
3	8	6	9	5	7	2	4	1
1	4	7	3	2	6	9	5	8
5	9	2	4	1	8	7	6	3
8	6	3	2	7	9	5	1	4
9	5	4	8	3	1	6	7	2
2	7	1	5	6	4	3	8	9

115

5	3	1	6	4	8	2	9	7
6	4	2	3	7	9	5	1	8
7	9	8	5	2	1	4	6	3
9	7	6	8	5	3	1	2	4
4	8	3	2	1	6	7	5	9
2	1	5	7	9	4	8	3	6
3	5	7	4	6	2	9	8	1
1	6	4	9	8	5	3	7	2
8	2	9	1	3	7	6	4	5

116

1	4	2	3	5	7	8	9	6
7	9	8	6	2	1	3	5	4
5	3	6	8	9	4	2	7	1
3	7	1	5	8	2	6	4	9
8	5	9	4	6	3	1	2	7
6	2	4	1	7	9	5	8	3
4	6	5	9	3	8	7	1	2
2	1	3	7	4	5	9	6	8
9	8	7	2	1	6	4	3	5

117

6	9	1	2	4	8	7	5	3
5	4	2	3	6	7	9	8	1
7	8	3	9	1	5	6	2	4
2	6	4	8	5	3	1	7	9
1	3	5	7	9	4	2	6	8
8	7	9	1	2	6	4	3	5
3	2	8	4	7	9	5	1	6
4	5	7	6	3	1	8	9	2
9	1	6	5	8	2	3	4	7

SOLUTIONS

118

1	6	8	7	4	9	3	2	5
4	7	2	5	1	3	8	6	9
3	5	9	6	2	8	7	1	4
8	2	5	3	7	4	6	9	1
6	4	3	8	9	1	2	5	7
9	1	7	2	6	5	4	3	8
2	9	6	4	5	7	1	8	3
5	8	4	1	3	2	9	7	6
7	3	1	9	8	6	5	4	2

119

9	4	5	2	1	7	8	3	6
1	8	2	9	6	3	5	7	4
3	6	7	8	5	4	2	1	9
6	3	1	5	4	8	9	2	7
2	9	8	1	7	6	3	4	5
5	7	4	3	2	9	1	6	8
7	2	9	4	8	1	6	5	3
4	5	3	6	9	2	7	8	1
8	1	6	7	3	5	4	9	2

120

4	1	2	6	8	9	5	7	3
6	7	5	2	3	1	9	8	4
8	3	9	4	7	5	1	2	6
9	5	8	7	6	4	2	3	1
3	2	6	9	1	8	4	5	7
7	4	1	3	5	2	8	6	9
1	9	7	8	2	3	6	4	5
5	8	3	1	4	6	7	9	2
2	6	4	5	9	7	3	1	8

121

8	2	7	3	6	9	4	5	1
6	9	5	4	8	1	3	2	7
4	3	1	2	7	5	9	6	8
2	1	4	8	3	6	7	9	5
7	6	9	5	1	2	8	3	4
3	5	8	7	9	4	2	1	6
5	8	3	1	2	7	6	4	9
1	7	6	9	4	3	5	8	2
9	4	2	6	5	8	1	7	3

122

2	9	4	8	7	1	5	3	6
7	5	6	9	3	2	8	1	4
8	3	1	5	4	6	7	2	9
6	4	8	2	5	7	3	9	1
3	7	2	1	6	9	4	5	8
9	1	5	3	8	4	2	6	7
4	2	7	6	9	3	1	8	5
1	8	9	4	2	5	6	7	3
5	6	3	7	1	8	9	4	2

123

4	1	3	9	7	6	2	8	5
2	8	9	3	5	1	7	6	4
6	5	7	2	4	8	3	1	9
7	2	5	6	1	9	4	3	8
1	6	4	8	3	7	9	5	2
3	9	8	4	2	5	6	7	1
5	7	2	1	6	4	8	9	3
9	3	1	7	8	2	5	4	6
8	4	6	5	9	3	1	2	7

SOLUTIONS

124

6	5	2	8	4	9	1	3	7
8	1	7	5	3	6	2	4	9
3	9	4	7	1	2	8	6	5
1	4	9	6	5	8	7	2	3
7	2	8	1	9	3	4	5	6
5	6	3	2	7	4	9	8	1
9	8	1	3	2	5	6	7	4
2	7	5	4	6	1	3	9	8
4	3	6	9	8	7	5	1	2

125

8	9	1	5	4	6	3	7	2
6	5	3	2	7	8	4	9	1
7	2	4	3	9	1	8	6	5
3	4	8	9	6	5	2	1	7
2	1	9	4	3	7	6	5	8
5	7	6	1	8	2	9	4	3
4	3	7	8	1	9	5	2	6
1	8	5	6	2	4	7	3	9
9	6	2	7	5	3	1	8	4

126

9	6	3	7	1	8	2	4	5
8	7	4	6	5	2	3	9	1
5	1	2	9	3	4	6	8	7
1	4	7	5	2	9	8	3	6
2	3	8	4	6	7	5	1	9
6	5	9	1	8	3	7	2	4
3	9	1	8	7	5	4	6	2
7	8	6	2	4	1	9	5	3
4	2	5	3	9	6	1	7	8

127

7	2	4	3	6	8	9	5	1
3	8	1	5	7	9	2	6	4
6	5	9	4	1	2	3	7	8
4	7	8	9	2	1	5	3	6
9	3	6	7	4	5	1	8	2
5	1	2	6	8	3	4	9	7
8	9	7	2	5	4	6	1	3
1	4	5	8	3	6	7	2	9
2	6	3	1	9	7	8	4	5

128

1	3	5	7	9	4	2	8	6
4	2	8	6	5	1	3	9	7
6	7	9	2	3	8	4	5	1
9	6	7	5	8	3	1	4	2
5	1	3	4	7	2	9	6	8
8	4	2	1	6	9	7	3	5
3	9	6	8	1	7	5	2	4
7	8	4	9	2	5	6	1	3
2	5	1	3	4	6	8	7	9

129

9	8	6	2	1	4	5	7	3
1	3	7	8	6	5	4	9	2
4	2	5	3	7	9	1	8	6
5	4	3	7	2	1	8	6	9
8	7	1	6	9	3	2	4	5
2	6	9	4	5	8	3	1	7
7	1	4	9	3	2	6	5	8
6	5	2	1	8	7	9	3	4
3	9	8	5	4	6	7	2	1

SOLUTIONS

9	5	3	2	7	1	8	4	6
4	8	2	6	9	5	1	3	7
6	7	1	4	8	3	9	2	5
1	6	5	8	3	9	2	7	4
3	9	4	5	2	7	6	8	1
7	2	8	1	4	6	3	5	9
2	3	6	9	5	4	7	1	8
8	4	9	7	1	2	5	6	3
5	1	7	3	6	8	4	9	2

2	6	7	1	5	8	9	4	3
3	5	9	4	7	2	8	6	1
8	4	1	9	6	3	5	7	2
9	3	8	5	1	4	7	2	6
1	7	5	2	9	6	3	8	4
4	2	6	8	3	7	1	9	5
7	1	4	6	8	5	2	3	9
5	8	2	3	4	9	6	1	7
6	9	3	7	2	1	4	5	8

3	8	9	2	6	7	4	5	1
5	6	7	4	1	8	2	3	9
1	4	2	3	9	5	8	6	7
7	9	5	1	4	3	6	8	2
2	3	8	7	5	6	9	1	4
6	1	4	9	8	2	3	7	5
4	2	6	8	7	1	5	9	3
8	7	3	5	2	9	1	4	6
9	5	1	6	3	4	7	2	8

133

5	7	2	1	8	6	3	9	4
3	6	9	7	4	5	1	2	8
1	8	4	9	2	3	6	7	5
8	4	6	2	3	9	5	1	7
9	1	7	5	6	8	4	3	2
2	3	5	4	1	7	8	6	9
4	5	1	6	7	2	9	8	3
7	9	8	3	5	1	2	4	6
6	2	3	8	9	4	7	5	1

134

7	3	4	2	9	1	5	8	6
8	1	9	6	3	5	7	2	4
5	6	2	4	7	8	9	3	1
3	2	1	5	6	9	4	7	8
9	8	7	3	1	4	2	6	5
4	5	6	8	2	7	1	9	3
6	9	5	1	8	2	3	4	7
2	4	8	7	5	3	6	1	9
1	7	3	9	4	6	8	5	2

135

4	9	7	6	8	5	3	2	1
5	8	1	3	9	2	4	7	6
2	6	3	4	7	1	9	8	5
7	4	9	2	1	8	6	5	3
1	5	6	7	3	9	2	4	8
3	2	8	5	6	4	7	1	9
9	7	5	1	2	6	8	3	4
8	3	4	9	5	7	1	6	2
6	1	2	8	4	3	5	9	7

SOLUTIONS

8	5	3	4	2	9	7	6	1
4	9	7	3	6	1	5	2	8
1	2	6	5	8	7	9	3	4
3	8	1	9	7	4	6	5	2
7	4	2	6	3	5	8	1	9
5	6	9	8	1	2	3	4	7
6	7	4	1	9	3	2	8	5
9	1	8	2	5	6	4	7	3
2	3	5	7	4	8	1	9	6

1	8	3	7	4	6	5	9	2
9	4	5	2	1	3	8	7	6
7	6	2	9	8	5	1	4	3
2	5	6	1	7	9	4	3	8
4	3	7	5	2	8	6	1	9
8	9	1	6	3	4	2	5	7
6	7	8	3	5	1	9	2	4
5	2	4	8	9	7	3	6	1
3	1	9	4	6	2	7	8	5

7	3	9	4	6	1	2	8	5
1	6	8	5	3	2	4	7	9
2	4	5	7	9	8	1	6	3
5	9	3	2	8	4	6	1	7
8	1	6	9	7	3	5	4	2
4	7	2	1	5	6	3	9	8
6	5	4	8	2	9	7	3	1
9	2	1	3	4	7	8	5	6
3	8	7	6	1	5	9	2	4

139

9	8	5	2	7	6	3	1	4
4	1	7	5	8	3	9	6	2
6	3	2	1	9	4	8	5	7
7	5	6	9	3	1	2	4	8
8	2	9	4	5	7	6	3	1
3	4	1	8	6	2	5	7	9
1	9	4	3	2	5	7	8	6
2	7	3	6	1	8	4	9	5
5	6	8	7	4	9	1	2	3

140

5	8	1	7	3	2	6	9	4
3	6	2	8	4	9	1	7	5
7	4	9	5	1	6	8	3	2
2	9	8	4	7	1	3	5	6
1	3	7	6	2	5	9	4	8
4	5	6	9	8	3	7	2	1
6	2	4	1	9	7	5	8	3
8	7	5	3	6	4	2	1	9
9	1	3	2	5	8	4	6	7

141

5	3	1	9	7	6	2	4	8
4	8	7	2	1	5	6	9	3
2	9	6	3	4	8	7	1	5
6	2	4	1	5	3	9	8	7
9	1	8	4	6	7	3	5	2
3	7	5	8	2	9	4	6	1
7	4	9	5	8	2	1	3	6
1	5	2	6	3	4	8	7	9
8	6	3	7	9	1	5	2	4

SOLUTIONS

7	8	5	2	4	9	6	1	3
3	9	2	7	6	1	4	8	5
1	6	4	3	5	8	7	2	9
4	7	3	6	1	5	2	9	8
6	1	9	8	3	2	5	7	4
5	2	8	9	7	4	1	3	6
2	3	6	4	9	7	8	5	1
9	5	7	1	8	6	3	4	2
8	4	1	5	2	3	9	6	7

5	1	4	3	7	6	9	8	2
3	7	9	8	5	2	1	4	6
2	8	6	1	9	4	3	5	7
9	2	7	4	6	3	8	1	5
8	6	5	2	1	9	7	3	4
4	3	1	7	8	5	2	6	9
7	9	8	6	4	1	5	2	3
6	5	3	9	2	8	4	7	1
1	4	2	5	3	7	6	9	8

3	5	7	6	8	4	1	2	9
8	4	1	2	3	9	5	7	6
9	2	6	7	1	5	3	8	4
5	7	2	1	4	8	6	9	3
6	8	3	9	5	2	4	1	7
4	1	9	3	6	7	2	5	8
2	6	8	4	7	1	9	3	5
1	3	5	8	9	6	7	4	2
7	9	4	5	2	3	8	6	1

145

1	7	2	5	8	6	3	9	4
8	9	6	3	4	7	1	5	2
4	5	3	1	2	9	8	7	6
6	8	5	4	1	3	9	2	7
3	1	9	7	5	2	4	6	8
2	4	7	6	9	8	5	1	3
7	2	4	9	3	1	6	8	5
9	3	8	2	6	5	7	4	1
5	6	1	8	7	4	2	3	9

146

7	5	8	4	2	6	1	9	3
2	4	1	8	3	9	7	5	6
9	3	6	1	5	7	8	2	4
8	1	3	9	7	4	5	6	2
4	7	5	2	6	1	3	8	9
6	2	9	3	8	5	4	1	7
5	6	2	7	1	3	9	4	8
3	8	4	5	9	2	6	7	1
1	9	7	6	4	8	2	3	5

147

9	4	8	2	7	5	1	6	3
5	3	1	4	6	8	2	9	7
2	7	6	1	9	3	8	4	5
1	6	2	7	5	4	9	3	8
8	5	4	3	2	9	7	1	6
7	9	3	8	1	6	5	2	4
4	2	5	9	3	7	6	8	1
3	1	7	6	8	2	4	5	9
6	8	9	5	4	1	3	7	2

SOLUTIONS

148

4	6	9	5	8	3	7	2	1
2	5	1	6	7	4	3	8	9
8	3	7	1	9	2	4	5	6
1	9	8	4	2	7	6	3	5
3	7	6	9	1	5	8	4	2
5	2	4	8	3	6	9	1	7
6	1	2	7	4	8	5	9	3
7	4	3	2	5	9	1	6	8
9	8	5	3	6	1	2	7	4

149

9	4	1	2	5	6	7	3	8
6	8	2	3	4	7	1	5	9
5	3	7	9	1	8	4	2	6
1	7	5	8	6	3	9	4	2
4	6	8	5	9	2	3	1	7
2	9	3	4	7	1	8	6	5
3	5	9	6	8	4	2	7	1
8	1	4	7	2	5	6	9	3
7	2	6	1	3	9	5	8	4

150

3	5	6	8	7	4	2	1	9
7	2	1	5	6	9	3	8	4
9	4	8	2	1	3	6	5	7
8	9	2	7	4	1	5	6	3
4	7	3	6	8	5	9	2	1
1	6	5	9	3	2	7	4	8
6	3	9	1	5	8	4	7	2
5	1	4	3	2	7	8	9	6
2	8	7	4	9	6	1	3	5

151

3	2	9	6	5	1	4	7	8
1	7	6	4	3	8	9	2	5
5	4	8	2	7	9	6	1	3
8	5	3	9	2	7	1	4	6
4	6	2	1	8	5	3	9	7
7	9	1	3	4	6	8	5	2
6	8	5	7	9	4	2	3	1
2	1	4	5	6	3	7	8	9
9	3	7	8	1	2	5	6	4

152

7	2	9	4	8	3	5	1	6
1	6	4	2	5	9	7	8	3
3	8	5	7	6	1	4	2	9
2	5	7	3	4	8	9	6	1
8	9	3	1	7	6	2	5	4
6	4	1	5	9	2	8	3	7
9	3	6	8	2	7	1	4	5
4	7	2	6	1	5	3	9	8
5	1	8	9	3	4	6	7	2

153

2	4	6	5	8	9	7	3	1
9	7	8	1	6	3	4	2	5
5	3	1	2	7	4	8	6	9
7	6	5	4	9	2	3	1	8
4	9	3	6	1	8	5	7	2
8	1	2	3	5	7	6	9	4
1	8	7	9	4	6	2	5	3
3	5	4	7	2	1	9	8	6
6	2	9	8	3	5	1	4	7

SOLUTIONS

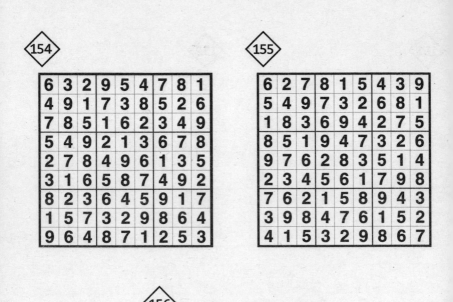

154

6	3	2	9	5	4	7	8	1
4	9	1	7	3	8	5	2	6
7	8	5	1	6	2	3	4	9
5	4	9	2	1	3	6	7	8
2	7	8	4	9	6	1	3	5
3	1	6	5	8	7	4	9	2
8	2	3	6	4	5	9	1	7
1	5	7	3	2	9	8	6	4
9	6	4	8	7	1	2	5	3

155

6	2	7	8	1	5	4	3	9
5	4	9	7	3	2	6	8	1
1	8	3	6	9	4	2	7	5
8	5	1	9	4	7	3	2	6
9	7	6	2	8	3	5	1	4
2	3	4	5	6	1	7	9	8
7	6	2	1	5	8	9	4	3
3	9	8	4	7	6	1	5	2
4	1	5	3	2	9	8	6	7

156

5	4	9	1	7	2	3	8	6
3	6	1	5	8	4	2	7	9
2	7	8	3	6	9	5	4	1
7	5	2	9	4	8	6	1	3
9	3	6	2	1	7	4	5	8
8	1	4	6	3	5	9	2	7
6	8	5	7	2	3	1	9	4
4	9	3	8	5	1	7	6	2
1	2	7	4	9	6	8	3	5

157

4	9	1	3	2	5	8	6	7
2	6	7	8	1	4	5	9	3
5	8	3	7	9	6	2	4	1
8	1	6	2	4	7	9	3	5
7	2	9	5	6	3	4	1	8
3	4	5	1	8	9	6	7	2
6	5	8	4	3	1	7	2	9
1	7	4	9	5	2	3	8	6
9	3	2	6	7	8	1	5	4

158

4	6	1	9	8	5	3	7	2
9	8	7	2	3	4	1	6	5
3	2	5	6	1	7	9	4	8
6	4	3	8	2	9	7	5	1
7	1	2	4	5	6	8	9	3
8	5	9	3	7	1	6	2	4
5	3	6	7	4	8	2	1	9
2	7	4	1	9	3	5	8	6
1	9	8	5	6	2	4	3	7

159

8	1	5	6	2	9	3	4	7
4	6	9	7	3	8	1	2	5
2	7	3	4	1	5	6	9	8
6	8	4	1	7	2	9	5	3
5	3	1	9	6	4	8	7	2
9	2	7	5	8	3	4	6	1
7	9	2	3	4	1	5	8	6
3	4	8	2	5	6	7	1	9
1	5	6	8	9	7	2	3	4

SOLUTIONS

160

6	9	4	2	7	8	5	1	3
7	1	5	3	4	6	8	2	9
3	8	2	5	9	1	7	4	6
9	5	1	7	3	2	6	8	4
8	2	7	4	6	5	3	9	1
4	3	6	8	1	9	2	7	5
5	7	9	6	2	4	1	3	8
2	4	8	1	5	3	9	6	7
1	6	3	9	8	7	4	5	2

161

5	9	1	2	3	8	7	6	4
7	8	3	4	1	6	9	5	2
4	6	2	7	9	5	8	1	3
2	7	4	3	8	1	5	9	6
9	5	8	6	4	7	3	2	1
3	1	6	5	2	9	4	8	7
1	3	9	8	6	4	2	7	5
8	2	7	1	5	3	6	4	9
6	4	5	9	7	2	1	3	8

162

6	8	7	2	3	5	9	4	1
3	2	4	9	1	8	6	5	7
9	1	5	4	7	6	8	2	3
4	9	8	5	2	7	1	3	6
2	7	6	3	8	1	4	9	5
5	3	1	6	4	9	7	8	2
8	6	2	1	5	4	3	7	9
7	5	9	8	6	3	2	1	4
1	4	3	7	9	2	5	6	8

163

7	3	9	8	6	1	4	5	2
6	4	1	5	2	7	9	3	8
5	2	8	4	9	3	1	7	6
9	8	6	1	3	5	7	2	4
4	5	7	9	8	2	3	6	1
2	1	3	7	4	6	5	8	9
1	6	2	3	5	9	8	4	7
8	7	5	2	1	4	6	9	3
3	9	4	6	7	8	2	1	5

164

3	2	5	8	9	4	7	6	1
8	1	6	7	3	2	4	9	5
4	9	7	5	6	1	3	2	8
7	5	8	1	2	9	6	3	4
9	6	3	4	8	5	1	7	2
1	4	2	6	7	3	8	5	9
6	7	9	2	4	8	5	1	3
2	8	1	3	5	6	9	4	7
5	3	4	9	1	7	2	8	6

165

5	7	9	3	4	8	6	2	1
6	8	4	1	7	2	9	3	5
2	1	3	9	5	6	4	7	8
1	9	6	4	3	7	8	5	2
3	5	7	2	8	9	1	6	4
4	2	8	6	1	5	3	9	7
8	6	2	7	9	1	5	4	3
7	4	1	5	6	3	2	8	9
9	3	5	8	2	4	7	1	6

SOLUTIONS

3	1	6	5	4	2	7	8	9
5	9	2	1	7	8	3	4	6
4	8	7	9	6	3	5	2	1
8	7	4	2	9	6	1	3	5
2	5	9	4	3	1	6	7	8
6	3	1	7	8	5	2	9	4
7	2	8	6	5	4	9	1	3
1	6	3	8	2	9	4	5	7
9	4	5	3	1	7	8	6	2

8	9	7	4	2	1	3	6	5
6	5	4	8	9	3	7	2	1
2	1	3	5	7	6	8	4	9
5	4	2	1	8	9	6	3	7
7	8	9	3	6	5	4	1	2
1	3	6	7	4	2	5	9	8
3	2	8	6	1	7	9	5	4
4	6	1	9	5	8	2	7	3
9	7	5	2	3	4	1	8	6

4	7	3	6	8	9	2	1	5
5	1	8	4	7	2	3	6	9
2	9	6	5	1	3	8	4	7
3	6	9	8	5	4	7	2	1
1	4	2	9	3	7	5	8	6
7	8	5	2	6	1	4	9	3
8	3	4	7	9	6	1	5	2
6	2	7	1	4	5	9	3	8
9	5	1	3	2	8	6	7	4

169

2	3	5	7	4	8	6	1	9
7	1	8	5	6	9	3	4	2
9	6	4	1	2	3	5	8	7
3	7	1	8	5	4	2	9	6
8	2	9	6	1	7	4	3	5
4	5	6	9	3	2	8	7	1
5	8	7	4	9	6	1	2	3
6	9	3	2	8	1	7	5	4
1	4	2	3	7	5	9	6	8

170

7	9	1	6	3	4	2	8	5
2	8	4	1	5	9	7	3	6
5	6	3	8	7	2	1	4	9
1	2	6	4	9	3	5	7	8
4	7	5	2	8	6	9	1	3
8	3	9	5	1	7	4	6	2
6	5	8	9	4	1	3	2	7
3	4	2	7	6	5	8	9	1
9	1	7	3	2	8	6	5	4

171

1	4	8	9	3	7	5	2	6
7	2	6	1	4	5	9	8	3
5	3	9	6	8	2	1	4	7
3	6	4	5	7	8	2	1	9
2	1	7	4	9	6	3	5	8
9	8	5	3	2	1	6	7	4
4	5	2	8	6	3	7	9	1
8	7	3	2	1	9	4	6	5
6	9	1	7	5	4	8	3	2

SOLUTIONS

4	6	8	3	2	7	5	1	9
9	3	7	6	5	1	2	4	8
5	1	2	8	9	4	3	6	7
8	7	9	4	6	3	1	2	5
6	2	4	5	1	8	9	7	3
3	5	1	9	7	2	4	8	6
7	9	3	2	4	6	8	5	1
2	8	6	1	3	5	7	9	4
1	4	5	7	8	9	6	3	2

8	2	6	9	1	5	4	7	3
7	9	4	8	3	2	6	1	5
5	3	1	7	4	6	8	2	9
4	1	3	2	5	8	9	6	7
6	8	9	3	7	4	2	5	1
2	7	5	1	6	9	3	4	8
1	6	8	5	2	3	7	9	4
3	5	2	4	9	7	1	8	6
9	4	7	6	8	1	5	3	2

3	9	8	6	7	1	2	4	5
7	2	1	4	5	9	3	6	8
4	6	5	3	8	2	7	9	1
1	7	6	8	4	3	5	2	9
9	3	2	5	1	6	8	7	4
5	8	4	2	9	7	6	1	3
2	4	3	9	6	5	1	8	7
8	5	7	1	2	4	9	3	6
6	1	9	7	3	8	4	5	2

175

5	7	4	9	2	1	8	3	6
6	1	8	3	4	7	9	5	2
9	2	3	8	5	6	4	1	7
7	6	1	4	8	5	2	9	3
3	5	9	6	7	2	1	8	4
4	8	2	1	9	3	6	7	5
8	4	5	2	3	9	7	6	1
2	3	6	7	1	8	5	4	9
1	9	7	5	6	4	3	2	8

176

8	1	2	4	5	9	6	3	7
6	9	3	8	1	7	2	4	5
4	7	5	6	2	3	1	9	8
7	6	9	2	3	8	5	1	4
1	3	8	5	6	4	7	2	9
2	5	4	9	7	1	3	8	6
9	2	6	3	8	5	4	7	1
5	8	7	1	4	2	9	6	3
3	4	1	7	9	6	8	5	2

177

2	1	3	8	9	5	4	7	6
7	9	6	4	3	1	5	2	8
5	4	8	7	2	6	9	1	3
3	6	7	1	4	2	8	9	5
8	2	9	3	5	7	1	6	4
4	5	1	6	8	9	7	3	2
6	8	4	9	7	3	2	5	1
1	7	5	2	6	4	3	8	9
9	3	2	5	1	8	6	4	7

SOLUTIONS

178

7	9	5	1	3	8	2	6	4
4	3	1	7	2	6	8	9	5
2	6	8	4	5	9	3	1	7
3	8	6	5	1	2	7	4	9
1	7	4	8	9	3	5	2	6
9	5	2	6	4	7	1	3	8
8	2	3	9	7	4	6	5	1
5	4	7	2	6	1	9	8	3
6	1	9	3	8	5	4	7	2

179

3	5	6	8	7	2	9	4	1
4	2	9	3	1	6	8	7	5
7	1	8	4	9	5	6	3	2
5	8	7	2	4	3	1	9	6
1	6	3	9	5	7	4	2	8
2	9	4	6	8	1	3	5	7
9	3	5	7	6	8	2	1	4
6	7	2	1	3	4	5	8	9
8	4	1	5	2	9	7	6	3

180

2	8	3	5	9	4	6	1	7
9	5	1	6	7	2	8	4	3
6	7	4	8	3	1	9	5	2
3	9	7	4	5	6	1	2	8
1	2	6	9	8	3	4	7	5
5	4	8	1	2	7	3	9	6
8	3	9	2	4	5	7	6	1
4	1	2	7	6	8	5	3	9
7	6	5	3	1	9	2	8	4

181

8	3	5	7	9	4	2	6	1
2	4	7	1	6	8	5	3	9
1	9	6	5	2	3	8	4	7
3	6	9	2	4	7	1	8	5
5	8	4	9	1	6	7	2	3
7	2	1	3	8	5	6	9	4
4	5	2	8	3	1	9	7	6
6	1	8	4	7	9	3	5	2
9	7	3	6	5	2	4	1	8

182

8	5	3	7	1	6	9	4	2
2	1	6	4	9	3	5	8	7
4	7	9	5	8	2	1	6	3
6	9	1	2	7	5	4	3	8
3	4	5	8	6	9	2	7	1
7	2	8	1	3	4	6	9	5
1	6	7	9	5	8	3	2	4
5	3	2	6	4	7	8	1	9
9	8	4	3	2	1	7	5	6

183

5	9	8	7	1	4	3	6	2
4	1	3	2	9	6	8	5	7
7	2	6	8	5	3	4	9	1
2	4	5	3	8	7	9	1	6
9	3	7	5	6	1	2	8	4
8	6	1	4	2	9	5	7	3
3	5	9	1	7	2	6	4	8
1	8	2	6	4	5	7	3	9
6	7	4	9	3	8	1	2	5

SOLUTIONS

184

4	1	2	9	7	5	8	6	3
7	3	5	8	1	6	4	9	2
9	6	8	2	3	4	7	5	1
5	9	1	4	6	3	2	8	7
8	4	6	1	2	7	5	3	9
3	2	7	5	9	8	1	4	6
6	8	3	7	4	1	9	2	5
2	7	4	3	5	9	6	1	8
1	5	9	6	8	2	3	7	4

185

1	7	3	8	5	2	6	9	4
5	8	9	4	7	6	1	2	3
2	4	6	9	3	1	5	8	7
3	1	8	2	4	9	7	5	6
4	9	5	1	6	7	2	3	8
6	2	7	3	8	5	4	1	9
9	3	2	7	1	4	8	6	5
8	5	4	6	2	3	9	7	1
7	6	1	5	9	8	3	4	2

186

4	7	3	8	2	9	1	6	5
2	5	1	7	6	3	4	9	8
9	8	6	5	4	1	7	2	3
6	2	8	9	5	4	3	1	7
1	4	7	3	8	6	9	5	2
5	3	9	1	7	2	6	8	4
8	6	4	2	9	7	5	3	1
7	1	5	6	3	8	2	4	9
3	9	2	4	1	5	8	7	6

187

2	8	3	4	7	5	1	6	9
4	5	9	3	1	6	2	7	8
1	6	7	9	8	2	3	5	4
3	2	6	5	9	8	7	4	1
5	1	8	7	3	4	9	2	6
7	9	4	2	6	1	8	3	5
6	7	1	8	5	3	4	9	2
9	4	5	1	2	7	6	8	3
8	3	2	6	4	9	5	1	7

188

3	8	6	7	5	2	1	9	4
7	1	2	9	8	4	3	6	5
9	5	4	3	6	1	2	7	8
2	6	8	1	9	5	4	3	7
4	9	3	2	7	8	6	5	1
5	7	1	6	4	3	8	2	9
8	4	9	5	2	6	7	1	3
1	2	7	8	3	9	5	4	6
6	3	5	4	1	7	9	8	2

189

5	7	4	6	2	8	1	9	3
8	6	1	9	3	5	4	2	7
2	9	3	7	1	4	8	5	6
7	3	8	5	6	9	2	4	1
6	1	9	4	8	2	7	3	5
4	5	2	1	7	3	9	6	8
1	2	7	3	9	6	5	8	4
9	4	6	8	5	7	3	1	2
3	8	5	2	4	1	6	7	9

SOLUTIONS

190

1	5	9	6	3	8	4	7	2
8	3	2	4	5	7	1	6	9
7	6	4	9	2	1	5	3	8
3	1	8	7	4	2	9	5	6
6	9	7	3	8	5	2	4	1
2	4	5	1	6	9	3	8	7
9	8	3	5	1	6	7	2	4
4	2	1	8	7	3	6	9	5
5	7	6	2	9	4	8	1	3

191

4	3	1	9	5	6	2	7	8
6	8	2	7	1	3	5	4	9
9	7	5	8	4	2	1	6	3
3	1	8	6	7	5	4	9	2
5	6	9	2	8	4	3	1	7
2	4	7	3	9	1	6	8	5
7	5	3	1	6	8	9	2	4
1	9	4	5	2	7	8	3	6
8	2	6	4	3	9	7	5	1

192

3	5	4	1	6	2	7	9	8
9	1	7	8	4	3	2	6	5
6	2	8	9	5	7	1	4	3
1	7	9	3	8	5	4	2	6
8	4	5	7	2	6	9	3	1
2	3	6	4	9	1	5	8	7
7	6	3	2	1	4	8	5	9
4	9	1	5	3	8	6	7	2
5	8	2	6	7	9	3	1	4

193

3	8	7	2	5	9	4	6	1
4	9	5	7	1	6	2	3	8
6	2	1	3	8	4	7	5	9
7	1	8	4	3	2	5	9	6
9	3	2	1	6	5	8	7	4
5	4	6	8	9	7	1	2	3
2	6	4	9	7	1	3	8	5
1	5	3	6	2	8	9	4	7
8	7	9	5	4	3	6	1	2

194

1	5	7	9	2	8	4	3	6
6	2	9	5	3	4	7	8	1
4	3	8	6	7	1	9	2	5
3	8	2	1	4	7	6	5	9
9	7	1	2	6	5	3	4	8
5	6	4	8	9	3	2	1	7
7	1	3	4	8	6	5	9	2
2	4	5	7	1	9	8	6	3
8	9	6	3	5	2	1	7	4

195

4	9	8	5	7	2	6	3	1
5	3	6	1	4	8	2	7	9
1	7	2	6	3	9	5	8	4
6	1	4	8	2	3	9	5	7
3	2	7	4	9	5	8	1	6
8	5	9	7	6	1	4	2	3
9	4	5	2	1	7	3	6	8
2	6	1	3	8	4	7	9	5
7	8	3	9	5	6	1	4	2

SOLUTIONS

3	1	2	5	8	7	4	9	6
9	4	5	3	6	1	2	8	7
7	6	8	9	2	4	5	3	1
4	5	6	1	9	8	7	2	3
8	9	7	2	3	5	6	1	4
2	3	1	7	4	6	8	5	9
5	2	9	6	7	3	1	4	8
1	7	4	8	5	9	3	6	2
6	8	3	4	1	2	9	7	5

7	1	9	5	8	4	6	2	3
8	6	2	1	3	7	9	5	4
4	3	5	9	6	2	1	8	7
6	2	3	4	5	8	7	9	1
1	5	8	7	9	6	3	4	2
9	4	7	2	1	3	5	6	8
5	8	4	6	7	1	2	3	9
2	9	1	3	4	5	8	7	6
3	7	6	8	2	9	4	1	5

4	2	3	7	9	8	6	1	5
8	6	7	2	5	1	4	3	9
1	9	5	6	4	3	8	2	7
6	5	4	1	8	7	3	9	2
2	1	9	3	6	5	7	8	4
7	3	8	9	2	4	1	5	6
3	7	2	5	1	6	9	4	8
5	4	6	8	3	9	2	7	1
9	8	1	4	7	2	5	6	3

199

6	8	1	4	5	9	2	3	7
5	9	7	3	8	2	6	4	1
4	3	2	6	7	1	8	9	5
9	6	4	5	2	3	1	7	8
8	7	5	9	1	6	3	2	4
2	1	3	7	4	8	5	6	9
7	2	6	8	9	5	4	1	3
1	5	9	2	3	4	7	8	6
3	4	8	1	6	7	9	5	2

200

2	3	8	1	9	6	7	5	4
6	9	4	8	5	7	1	3	2
1	7	5	3	4	2	9	6	8
5	2	9	6	1	3	4	8	7
4	1	6	9	7	8	3	2	5
7	8	3	4	2	5	6	9	1
9	4	2	5	6	1	8	7	3
3	5	1	7	8	9	2	4	6
8	6	7	2	3	4	5	1	9

201

5	9	7	4	2	3	6	1	8
8	3	2	6	9	1	4	7	5
4	6	1	7	8	5	2	3	9
9	7	6	2	5	8	1	4	3
3	8	4	1	7	6	5	9	2
1	2	5	9	3	4	7	8	6
6	1	9	8	4	2	3	5	7
2	5	8	3	1	7	9	6	4
7	4	3	5	6	9	8	2	1

SOLUTIONS

202

4	1	3	9	2	7	5	8	6
9	5	2	4	8	6	7	1	3
8	6	7	3	5	1	4	9	2
3	2	5	1	9	4	6	7	8
1	7	8	5	6	2	3	4	9
6	9	4	7	3	8	1	2	5
2	4	6	8	7	5	9	3	1
7	8	9	6	1	3	2	5	4
5	3	1	2	4	9	8	6	7

203

4	5	6	9	2	1	3	8	7
8	2	7	6	5	3	4	1	9
9	3	1	7	8	4	2	6	5
5	7	9	3	4	8	6	2	1
1	8	3	2	6	5	9	7	4
2	6	4	1	9	7	5	3	8
6	1	8	5	3	9	7	4	2
3	4	5	8	7	2	1	9	6
7	9	2	4	1	6	8	5	3

204

4	9	5	6	7	1	8	2	3
1	3	2	9	8	5	7	4	6
6	8	7	2	3	4	5	9	1
2	4	8	3	1	6	9	5	7
5	6	9	7	4	2	3	1	8
3	7	1	5	9	8	4	6	2
9	1	4	8	6	7	2	3	5
8	2	6	4	5	3	1	7	9
7	5	3	1	2	9	6	8	4

205

3	2	5	9	1	8	6	7	4
7	4	9	6	5	2	3	8	1
1	6	8	7	3	4	2	5	9
4	3	2	5	8	6	9	1	7
5	9	1	2	7	3	8	4	6
6	8	7	1	4	9	5	2	3
9	7	6	8	2	1	4	3	5
2	1	4	3	6	5	7	9	8
8	5	3	4	9	7	1	6	2

206

8	5	3	4	7	9	6	1	2
2	1	4	6	5	3	8	9	7
7	9	6	2	8	1	4	3	5
9	8	1	5	2	7	3	4	6
4	2	7	8	3	6	9	5	1
3	6	5	9	1	4	2	7	8
6	7	8	3	4	5	1	2	9
5	3	2	1	9	8	7	6	4
1	4	9	7	6	2	5	8	3

207

4	1	7	8	6	5	2	3	9
9	5	8	3	2	7	4	6	1
6	2	3	1	9	4	8	5	7
2	8	5	7	1	6	9	4	3
3	4	1	9	5	8	7	2	6
7	6	9	4	3	2	5	1	8
8	7	6	2	4	1	3	9	5
1	9	2	5	8	3	6	7	4
5	3	4	6	7	9	1	8	2

SOLUTIONS

208

8	3	5	6	4	1	7	2	9
9	4	1	7	2	3	8	6	5
6	7	2	5	9	8	4	3	1
2	1	6	8	7	4	5	9	3
5	8	3	2	6	9	1	4	7
7	9	4	1	3	5	6	8	2
1	2	8	9	5	6	3	7	4
4	5	7	3	8	2	9	1	6
3	6	9	4	1	7	2	5	8

209

5	3	9	8	4	7	2	1	6
8	7	2	3	1	6	5	4	9
4	1	6	5	9	2	8	3	7
3	4	5	9	7	8	1	6	2
6	9	7	2	3	1	4	8	5
1	2	8	6	5	4	9	7	3
7	5	4	1	6	9	3	2	8
9	8	1	7	2	3	6	5	4
2	6	3	4	8	5	7	9	1

210

8	5	1	9	3	2	7	6	4
7	2	6	8	1	4	5	3	9
9	4	3	6	7	5	2	8	1
5	9	2	7	4	3	8	1	6
3	1	8	5	6	9	4	7	2
6	7	4	2	8	1	9	5	3
2	8	9	1	5	6	3	4	7
1	3	5	4	9	7	6	2	8
4	6	7	3	2	8	1	9	5